聖書が教える結婚と性

Married for God

クリストファー・アッシュ 著
Christopher Ash
＊
井上有子 訳

いのちのことば社

Married for God* by *Christopher Ash

This translation of ***Married for God: Making Your Marriage The Best It Can Be*** first published in 1999 is published by arrangement with Inter-Varsity Press, London, England.

目次

はじめに

セックスに関するアピールはあらゆるところにあふれています。映画、バスの中の広告やポスター、駅の売店の雑誌コーナー。もちろん、文字どおりの「あらゆる」ところではないにしろ、私たちに強烈な印象を残すのに充分なほどです。このように、嫌でも目に入ってくる性的な刺激と、私たちの自然な欲求が結びつく時、私たちは爆発寸前になってしまいます。この分野で何の苦しみもないというクリスチャンは自分に正直ではないと、私は思います。私たちには助けが必要なのです。この本は聖書が結婚についてどう教えているかについて、率直に答えることを目的としています。

あなたが婚約中なら、この本が結婚への準備に役立ちますように。カップルで聖書の教えについて考えることで、あなたの希望や期待が健全にかたち作られていくことを願います。

結婚してまだ数年の（もしくはもう少し時を経た）夫婦にとっては、この本が良き結婚の土台となりますように。あなたが結婚前に適切な準備ができたのか、まったくできなかったのか分かりませんが、本書に記した聖書の教えが、結婚を見直し、思いを新たにする機会となりますように。

もしあなたが独身で、結婚について迷っているなら、あなたにこそ、この本を読んでほしいと思います。聖書が結婚をどう教えているか学べますように。また、さらに大切なこととして、何が結婚の核心と目的なのかを学べますように。

もし独身で、まだ結婚の機会が訪れないと失望しておられる方なら、キリストのために現在の独身生活を全力で、また喜びを持って生きるための慰めと励ましを本書に見出せますように。結婚する気はないと思っている方には、結婚を望む人々を理解し、応援する一助になるかもしれません。

各章の終わりには個人的な学び、またグループ・ディスカッションのために質問を設けました。用途に合わせて質問を選び、「結婚準備会」や「結婚学び直し会」に役立てることもできます。カップルで学ぶことも、グループで学ぶこともできるでしょう。

二〇〇七年三月
ロンドン

クリストファー・アッシュ

序章

Married for God

神中心

はじめに神が……（創世記一・一）

　ジェーンとデイヴは初めての結婚準備会に向かっていました。婚約したての二人に牧師が面会を申し込んだのです。お互いに認めはしませんでしたが、二人はかなり緊張していました。緊張をほぐしたくてデイヴはジェーンに聞きました。「準備会ではどんなことを学べるかな？」そこから有益な話し合いが始まりました。

　良い「コミュニケーション」のしかたを学びたいという点で二人は一致していました。デイヴは自分の思いや考えをしっかり伝えられるように（「男性ではまれなこと」とジェーン）、ジェーンは謎めいた、分かりにくいコミュニケーションを減らせるように（「話のポイントが何なのか僕でも分かるように」とデイヴ）なりたいと思っていました。互いの両親との折り合いのつけ方も学びたいと思っていました（そう簡単ではないと二人は考えていました）。お金の使い方についても真剣に考え始めていたので、その点でもアドバイスを期待しました。

　そして少し恥ずかしくて口にはしなかったのですが、セックスがうまくいくためのアドバイスももらえるかもしれないと、内心期待していました。さらに、ちょうど、意見の隔たりから喧嘩《けんか》のようになっていたので（よりによって何で結婚準備会の直前に？）、牧師との面会で仲直りのきっかけがつかめるかもしれないと思っていたのです。

ですから二人は失望しました。まずは神について話すことから始めましょう、と牧師が言ったからです。

＊＊＊

聖書は神で始まります。一ページめから神は聖書の中心におられます。本書も神中心に進めます。この点、一切の弁解をいたしません。

結婚に関する本にあなたは何を期待しますか。ベストセラーになったジョン・グレイの著作『ベスト・パートナーになるために――男は火星から、女は金星からやってきた』（大島渚訳、三笠書房）の原書の副題は「*A practical guide to getting what you want in your relationships*（交際関係であなたが欲しいものを得るための実践的ガイド）」です。これこそあなたが期待していることかもしれません。「あなた」が望むものを手中に収めるためのガイドです。

このような本は巷《ちまた》の本屋にあるばかりではありません。教会の本棚でも見かけます。「幸せでより満たされた関係を築く」という副題のキリスト教系の本を見たこともあります。「パートナーとの幸せを築くためのプラニング」と銘打ったクリスチャンのための結婚準備会もありました。

本書はその点では助けになりません。私やあなたではなく、神に重点を置いているからです。ある意味、セックスや結婚に関する常識的な知恵や、実践的アドバイスを本にするほうが簡単です。「キリスト教」で体裁を整えれば見栄えも良いでしょう。けれども私は最初から最後まで固く神を中心に据えて執筆を進めたいと思います。創造主であり、審判を下される神が結婚をどのように考えておられるのかを、まずはしっかり学ばなくてはいけないからです。

結婚の目的とは何でしょう。より根本的な問いを立てるとすれば、セックスの目的とは何なのでしょう。現代人は頭からセックスが離れません。ビクトリア時代を生きた人々はセックスに狼狽《ろうばい》し、死に執着したと言われました。現代人は反対です。死に狼狽し、セックスに執着していいます。にもかかわらず、結婚はいたるところで常に破綻しています。「我が社の洗濯機は結婚相手より長持ちします」とうたった広告がありました。また結婚指輪のレンタルという事業を始めたアメリカの実業家が新聞で紹介されていました。長続きするかも分からない結婚のために指輪を買って浪費しないための商売なのだそうです。恋愛関係は結婚よりずっと早く破綻します。いわゆる「パートナーのとっかえひっかえ」とも呼べる特徴を持った世界に私たちは生きています。

私たちが不安になったとしても何ら驚くことはありません。結婚したいと思っても、心の片隅にある不安を払拭することができないのです。既婚者であれば、友人の結婚が破綻するたびに心が波立ちます。誰かの関係が破綻すると、自分の結婚も影響を受け、脅かされるとさえ思うのです。

どうして関係は破綻するのでしょう。さまざまな理由が考えられますが、最大の理由は失望でしょう。そもそも希望がないのなら関係を始めません。どんな希望なのかを具体的に説明できるかどうかはまた別の問題ですが。目標の前に障害が立ちはだかる時、私たちは諦めて、逃げ出したいという誘惑にかられます。だからこそ、この問いから始めたいのです。「結婚の目的とは何なのか」。聖書が教える結婚の希望と目標とは一体何なのでしょう。

「どうやって（How）」に注目する結婚指南書があります。どうしたらより良いコミュニケーションを取れるのか。どうしたら良いセックスができるのか。どうやって意見のくい違いを解消するのか。このような問いかけに応える内容です。どれも大切な問いですが、本書ではそこに焦点は当てません。

より神学的なアプローチを取る本は「何（What）」を取り上げ、物事の定義づけに注目します。結婚とは何か。結婚に境界線はあるのか。同棲《どうせい》は結婚と同じか。どれも大切な問いですので、詳しく後述しますが、まずは私たちの基本的な目標を押さえましょう。

そのために「なぜ（Why）」という問いに注目したいと思います。目標が明確になれば、「なぜ（Why）」結婚というかたち（What）があるのか分かり、どうやって（How）揺るぎない結婚を築けるかが分かるからです。

ある根本的な主張から始めましょう。

結婚に関する神のご意志と目的を自分の願いとする

神の「なぜ（Why）？」は私たちの「なぜ（Why）？」に勝ります。このように神を物事の中心に置くとき、私たちの考え方は一八〇度変わります。

教会生活の中で、私たちは時に、神は私たちがより良い人生を歩むために存在しているのではないかというような印象を抱くことがあります。「結婚の手助けをしてくれるから、神に助けを求めるのだ。神は私の人生のコーチだ。あとはほんのちょっとの運と後押しがあれば、そして祈りとわずかばかりの奉仕を通して神に『お返し』すれば、神は全力で私の夢をかなえてくださる。私の目標を達成してくださる。幸せで満足のいく結婚をさせてくださる」というように。

真実はまったくの正反対です。神は何を求めておられるのかと、私たちは尋ねるべきなのです。神が私たちの目標にどう応えてくださるのかを期待するより、むしろ、神の求めに応じて私たちの目標をどう定めるかが問題となるのです。この点について少なくとも二つの理由を挙げることができます。

一つめの理由は善悪と関係しています。神はすべてを与えてくださいました。良い贈り物、完全な賜物はみな神から来ます（ヤコブ一・一七）。ですから私たち人間がしなければならない基本的なことは神を敬い、賛美することです（ローマ一・二一）。「心を尽くし、いのちを尽くし、知性を尽くして」神を愛するのです（マタイ二二・三七〜三八）。私たちの希望に神を引き寄せ、神もまたそのように望んでおられると思い込んではいけません。これがクリスチャンの基本的な倫理観です。セックスについても同じことが言えます。

　二番めの理由はより実際的です。神が（本来）何を望んでおられるかは、世界のあり方、そして人間がどのように造られたかに関係しています。創造主である神の目的に沿って生きるのが、人間にとってベストなのです。しかしこの点を把握するのは非常に難しいと言えるでしょう。

　小説家ウィル・セルフ（訳注・イギリス人小説家・ジャーナリスト。邦訳に『コック&ブル』〈渡辺佐智江訳、白水社〉、『元気なぼくらの元気なおもちゃ』〈安原和見訳、河出書房新社〉がある）がその難しさをうまくまとめています。私たちの文化において善悪は「宇宙の仕組みそのもの」の一部ではないとセルフは言います。服やバッグのブランドを選ぶうえでの好みの問題にも似て、善悪は意識の問題だと指摘します。つまり一人ひとりが独自の善悪の判断をするため、その基準はライフスタイルによって異なるというのです。

　それに対し、善悪の基準は万物に当てはまるというのがクリスチャンの主張です。牛が馬の皮を求めても得られないように、クリスチャンは好き勝手に「善悪」を生み出したり、クローゼットの中の服を選ぶように善悪を選んだりすることはできません。神は構造と秩序をもって世界を創造されました。科学の対象となる物質構造だけを指すのではありません。倫理的秩序も含まれています。この構造と秩序を聖書は「知恵」と呼びます。この「知恵」こそが天地創造の基盤です。箴言三・一九に「主は知恵をもって地の基《もとい》を定め、英知をもって天を堅く立てられた」とあるとおりです。

ですから神のお望みは何かという問いは、自分にとっての最善とは何かという問いそのものとなります。最善とは私たちが望むことではなく、神が望んでおられることを指します。そして神が結婚にかける期待とは一体何だろうと考えることは、自分の結婚を創造の秩序に重ねて考えることなのです。

だからこそ悔い改めから本書の学びを始めたいと思います。時代遅れと思われるかもしれません。しかし悔い改めこそ本書の要です。意識を変え、自分の望んでいる事柄、特に自分なりの結婚への願望から、敢えて遠ざかる必要があります。そのうえで結婚についての神のご意志と目的を学んでいきましょう。

婚約中の方は結婚についての神のご意志を学び、それに従って結婚生活を歩むことが目標となるでしょう。もしあなたが結婚しているなら、神が定められる結婚の目的をしっかりと学び、その目的に沿ってあなたの希望を捉え直すことになるでしょう。独身の方は、独身者にこそ与えられている機会を生かして、心から神にお仕えする思いを新たにされると思います。

それにしても神は結婚に何を求めておられるのでしょう。どうして神は敢えて男と女を創造なさったのでしょうか。その必要は必ずしもなかったはずです。「すべての人間をアメーバのように創造することもできたはずだ。アメーバなら、増殖したいときに分裂すればいいだけさ」。かつてそう指摘した友人がいました。けれども神は、セックスの欲求と喜びという素晴らしい、そして謎に満ちた化学反応を含めて、男と女を創造されました。どうしてでしょう。何が神の目的なのでしょう。この本の大部分を使ってその問いに答えていきます。ライフスタイルに関するアドバイスはありません。キリスト教信仰を通して真正面から神と向き合います。そして、結婚ではなく神に焦点を当てるならば、結果的により良い結婚生活を送ることができます。神を中心に据え、神が何を望んでおられるのか、その問いに全力で取り組みましょう。

学びとディスカッションのための設問

1 結婚が何か（What）、そしてどう取り組むのか（How）を考える前に、なぜ（Why）について問うことがどうして大切なのでしょう。

2 どうして神を人生の中心に据える必要があるのですか。理由を考えてみましょう。

3 学びに入っていく前に、心を静めて祈る時間を設けましょう。神と神の目的をあなたの人生の中心に据えられるよう、意識的にまた注意深く、神に助けを求めて祈りましょう。

第一章

Married for God

過去の重荷と神の恵み

アンは茫然《ぼうぜん》としていました。イエス・キリストを神として受け入れてからまだ半年も経っていません。彼女は今晩、クリスチャン男性との初デートに向かいます。マイクは素晴らしい人生を歩んできたようです。愛に満ちたクリスチャンホームで育ち、物心つく頃にはすでに本物の信仰を持ち、真剣に交際した女性は今まで一人もいないようでした。そしてマイクはアンをデートに誘ってくれました。

見た目も、またクリスチャンの友としても、マイクは魅力的でした。尊敬していましたし、一緒にいるのがとても楽しかったのです。デートに誘われ、本来なら嬉《うれ》しくてたまらなかったはずです。でもアンの心は沈んでいました。彼女の過去はマイクの過去に比べてひどいものだったからです。

過去がよみがえってきます。ぎくしゃくとした家族関係と両親の離婚。つかの間のつき合いだった二人の「継父」。まだ「処女」なのかと責め立てる同級生（「処女」ということばがなんと恐ろしかったことでしょう。侮辱的な虐待用語と思えました）。同級生の圧力に負けて、ある男の子と初めてセックスした夜。そこから始まった、安っぽいセックスを繰り返す生活。自分は汚れていると思いながら、そんな生活をやめることができませんでした。セックスを拒めば愛されないのではと怖かったのです。

今となっては、アンは「どんなデートも最後はベッドで終わる」と思い込んでいました。変わらなくてはいけないと頭では分かっています。けれどもアンは恐怖と後悔で身動きできなくなっていました。「こんな私がどうしてクリスチャンとして生きていけるだろう？」アンは自問します。「私は汚れ、役に立たない人間だ。他の人は純潔を夢見るかもしれないけど、私にはかなえられない夢だ」。そう思いながらも、アンは純潔に心から憧れていました。

マイクが迎えに来ました。マイクを迎えたのは、教会で出会った幸せそうで、リラックスしたアンではなく、両頬に涙のあとが残る、こわばった表情のアンでした。

＊＊＊

聖書の学びを始めるにあたり、一章では恵みについて考えます。とても大切な点です。恵みを理解できなければ、セックスと結婚に関する聖書の教えを丸ごと誤解してしまうからです。アンに必要なのは恵みです。マイクにとっても、そうです。恵みから始めなくては、私たちの人生は絶望か独善に終わって当然です。

この本は単に情報を提供する以上のことを目的としています。セックスと結婚に関する聖書の教えに真剣に取り組むことで、私たちは神によって変わっていきたいのです。ですから私は情報の提供とともに、あなたに確信を持っていただくことをも目指しています。

そのためにまず現実に目を向けたいと思います。セックスと結婚に対する考えは、歩んできた人生によって異なります。個人的な背景もありますし、育った文化の影響もあるでしょう。軽装でのぶらり旅を楽しむように、気軽にこの本を手に取ることはできません。結婚だってそうです。どの人もこれまでの歩みや文化背景が詰まりに詰まったスーツケースを抱え、よろめきつつ人生を歩んでいるからです。一人として例外はありません。

個人的レベルですと、セックス経験の有無が問題になるでしょう。希望がかなったり、遠のいたりした経験。切望と嫌悪。願いがかなった喜びと、かなえられない焦燥。恐怖、不安、歓喜、後悔。したことと、しなかったこと。他者からどう大切にされたか、されなかったか。これらすべてのことが、何を信じるかということに影響を与えるのです。

自分の行いを正当化したがる人は、過去の行動に問題はなかったと思わせてくれる価値観を欲するものです。「あれをしたことにはそれ相応の理由があった。正しくて良い判断だってあったさ。自分を誇りに思っていい。少なくとも恥に思うことはない」、そう自分に言い聞かせたいのです。

もし私たちが過去の過ちを自覚していれば、アンのように無力を感じるかもしれません。後悔と「やらかしてしまった。やり直すことはできない」という思いに駆られてしまうからです。あなたのせいではないのに、虐待されたり、周りからの圧力に負けたりして、セックスしたことを恥じている方もおられるかもしれません。セックスについて考えるとき、過去の経験やトラウマが私たちに大きな影響を与えるのです。

私たちは、どのような関係においてもセックスは許されるとほのめかす文化に生きています。

セックスに対する安易な行動と姿勢こそが「普通」だと、あらゆるドラマ、映画、雑誌がはやし立てます。そのような姿勢を描くことによって、それを良しとする文化に私たちを招いているのです。私たちは、自分が認める以上に、生活環境に左右されるものです。

性的欲求は私たちに非常に大きな影響を与えます。ですから自分のもろさ、過去の問題、受けた傷についても現実的に考える必要があります。中立的な立場で聖書の教えを学ぶことはできません。私たちは神の意志が書かれるのを待つまっさらな紙ではないのですから。私たちという紙はすでに、走り書き、上から線を引いて消したことば、さらなる走り書きで埋まっています。やっと耳を半分こじ開けて聞こうとしても、私たちにはすでに多くの偏見があるのです。

聖書の教えによって変えられる前に、神とセックスについて三つの基本を押さえたいと思います。どれも恵みに関する事柄です。

性的な失敗を犯した人に聖書は語りかけている

「正しくない者は神の国を相続できません。思い違いをしてはいけません。淫《みだ》らな行いをする者、偶像を拝む者、姦淫《かんいん》をする者、男娼《だんしょう》となる者、男色《なんしょく》をする者、盗む者、貪欲な者、酒におぼれる者、そしる者、奪い取る者はみな、神の国を相続することができません。あなたがたのうちのある人たちは、以前はそのような者でした。しかし、主イエス・キリストの御名と私たちの神

の御霊によって、あなたがたは洗われ、聖なる者とされ、義と認められたのです」（Ⅰコリント六・九〜一一）

聖書はセックスにおいて過ちを犯した男女に語りかけています。これが最初に押さえたい基本的な真実です。キリスト教はセックスに悩みも問題もない人、しっかりした人、尊敬に値する人、やましい過去のない人に語りかけていると私たちは思いがちです。けれども真実はまったく正反対です。

パウロはコリント教会の若いメンバーに向けて、罪を列挙してみせます。性的乱れをも含む恐ろしい内容のリストです。そして「あなたがたの中にはそのような者もいました」と言います。コリント教会のメンバーを巡る話の中には、子どもに聞かせられないものもあります。性の倫理が乱れた、ひどい話だからです。パウロがコリントで聞き及んだ話は、現代において牧師や精神科医が聞く性的混乱や乱れについての話よりひどかったかもしれません。いわゆるカジュアル・セックス、（被害者・加害者双方が話す）虐待、同性愛行為にコリント教会は直面しており、さらにもっと多くの問題もあったはずです。

こんな古い冗談があります。ある人が通りがかりの人に道を聞きます。尋ねた人の目的地を知ると、その通行人は答えます。「もし私があなただったら、ここからその場所は目指しませんよ」。キリスト教について、こんな印象を抱く人がいます。正しく生きる道を尋ねる人に「もし私があなただったら、ここからその場所は目指しませんよ。もうすでに失敗しているんだから。あなたに希望はありませんよ」と答えるだろうと思うのです。

繰り返しますが、真実は正反対です。イエスという優れた医者は病人のために来られました。自分は丈夫だと思う人のためではありません（マタイ九・一二〜一三）。本書は「私はセックスで失敗したことはありません。メディアを通して知るような堕落した人たちのようではないことに感謝します」と祈るパリサイ派のような人々のためにあるのではありません。本書は「神様、罪人の私をあわれんでください」と祈る、失敗を経験した人たちのためにあります（ルカ一八・九〜一四）。

この真実には二つの側面があります。もし（マイクが恐らくそう思っていたように）自分はおおむね安泰であると考えていた人は、実はそうではないことが分かるでしょう。行動はともかくとして、性的欲求において純潔からほど遠いことが分かるはずです。一方アンのように過去の失敗に苛まれ、トラウマに悩む人は、イエスがまさに自分のために来られたと分かるでしょう。

著者である私はセックスに何の問題もなく、モラルの闘いにも勝ったと思われる読者もおられるかもしれません。素敵な妻と四人の子どもがいるあなたは大丈夫でしょうと。とんでもないことです。

素晴らしい妻に出会えたことを神に感謝しています。けれども愛し合うことがとても難しいと思うときがあります。口喧嘩をし、二人の間に冷たく、苦痛に満ちた空気が流れることもあります。

三人の息子と一人の娘を授かったことを神に感謝しています。けれどもほとんどの親がそうであるように、私たちも親であるのが難しく、とてつもない痛みを感じる時があります。そして子どもたちもまた、私たちの子であることに葛藤を覚える時があるはずです。

結婚して二十五年になりますが、私の性的欲求はいまだに混乱しています。妻に対する健全な性的欲求がある一方、妻以外の人や本棚に並ぶ雑誌などにも不健全に魅《ひ》かれてしまいます。でもこれは、週刊誌が「牧師が情欲を告白！　衝撃！　身の毛がよだつ現実！」と見出しをつけて取り上げるほど突出した発言ではありません。大なり小なり、誰もが性的葛藤を抱えています。だからこそ、聖書がセックスで失敗した人に語りかけていることを深く心に留める必要があるのです。

イエス・キリストは性的な過ちを犯した人に、赦しと回復を与えてくださる

「わたしもあなたにさばきを下さない。行きなさい。これからは、決して罪を犯してはなりません」（ヨハネ八・一一）

これが二つめの基本的な真実です。イエス・キリストの福音は、性的な過ちを犯した人に赦《ゆる》し

を与えます。性的な罪は赦されない罪ではなく、セックスにおいて受けた傷は修復不可能な傷ではありません。私たちが何をしたか、見たか、考えてきたか、また何をされたのかに関係なく、聖書は「神とその恵みのみことば」（使徒二〇・三二）を語ります。

聖書にはこの恵みがあふれています。アブラハム、イサク、ヤコブの家庭にはいずれも大きな不和がありましたが、キリストに続く約束された血統は彼らに与えられました。ダビデは不貞を犯し、相手の女性の夫を戦死させるために策略を講じました。にもかかわらず、罪を悔い改めると赦されたのです（Ⅱサムエル一二章、詩篇五一篇）。さらに、不倫相手はイエス・キリストの家系図に名を連ねるという特別な扱いを受けています（マタイ一・六）。

性的過ちを犯した人を教会が罰することを人々は期待しがちですが、本当はその反対であるべきです。クリスチャンはイエスの姿に倣いますが、イエスは非常に問題のある過去を持つ女性に新しいいのちを与えられました（ヨハネ四・一〜四二）。不倫の真最中に捕らえられた女性には赦しについてお語りになりました（ヨハネ八・一〜一一）。娼婦たちはイエスのきよさと彼がお与えになる赦しに魅かれ、彼のもとに集まってきました（ルカ七・三六〜五〇など）。

まさに、自分は汚れていないと思っていた人々に先んじて神の国に入ったのは、性的な失敗を犯した人たちだったのです（マタイ二一・三一〜三二）。宗教的義務を重荷として民衆に負わせたのはパリサイ派でした。ですから宗教は民衆にとって耐えがたいものとなったのです（マタイ二三・四）。反対に主イエスは傷んだ葦《あし》を折りはせず、くすぶる灯芯を消そうとはなさいません

（マタイ一二・二〇。当該箇所はイザヤ四二・一～四からの引用）。このように、私たちの過去、考え、欲求、そして行動や間違った関係がどのようなものであろうと、イエス・キリストは赦しと恵みを与えてくださるのです。

「いなご……が食い尽くした年々に対して、わたしはあなたがたに償う」（ヨエル二・二五）

この赦しと罪人の回復をヨエル書が美しく描いています。妻と私は、ある親しい友人の相談にのったことがあります。友人は過去に犯した性的な罪に苛まれていました。彼女はそのような罪に背を向けて長い時間が経つのに、どうしたものかその記憶に悩まされていたのです。何を言っても彼女の助けにはならないようでしたが、妻がこの預言を紹介したことが回復のきっかけとなりました。この預言は、罪への罰として大量のいなごによって土地も生活も破壊された人々に与えられました。彼らはその災害の原因が自分たちの罪にあると悟り、悔い改めました。それでも、生活を復興できるか分からず、絶望したことでしょう。「度が過ぎた。何もかも台なしだ。すべてのチャンスを逃してしまった」と。

彼らが神のことばを聞いたのはそんな時でした。「わたしがあなたがたの間に送った大軍勢が食い尽くした年々に対して、わたしはあなたがたに償う」（ヨエル二・二五）。旧約聖書のこの聖句は、キリストの到来と福音を伝えているのです。

セックスにおいてどれだけあなたの人生が汚れ、荒廃していようとも、もしキリストに心を向けるなら、いなごが食い荒らした年月を必ずや回復するとイエスは約束しています。もしかすると、地上の生涯においてセックスの喜びに与《あずか》ることはないかもしれません。けれどもあなたは必ずや癒やされ、立ち直るでしょう。しかも、それで終わりではありません。この預言にはより深遠な意味が込められています。完全なる赦しと、人生をやり直す機会です。イエスの再臨はセックスのどんな喜びさえ陰るような喜びと充足感を約束しているのです。

神の恵みにより私たちは純潔に生きることができる

「実に、すべての人に救いをもたらす神の恵みが現れたのです。その恵みは、私たちが不敬虔とこの世の欲を捨て、今の世にあって、慎み深く、正しく、敬虔に生活し、祝福に満ちた望み、すなわち、大いなる神であり私たちの救い主であるイエス・キリストの、栄光ある現れを待ち望むように教えています。キリストは、私たちをすべての不法から贖《あがな》い出し、良いわざに熱心な選びの民を**ご自分のものとしてきよめるため**、私たちのためにご自分を献げられたのです」（テトス二・一一〜一四　太字は著者による強調）

第三の基本的な真実は、赦しの先にある恵みです。あわれみ深く私たちを赦してくださる神は、それだけでなく、私たちを変えようと私たちの中で力強く働かれます。神は私たちを赦した後、以前の好ましくない状態のまま生きろと、私たちを放っておかれるのではありません。そうではなく、神は聖霊、まさにご自身を私たちの心に据えられます。そして、私たちの汚れた心に入り込み、それをきよめ整え直す直接的な力として働かれるのです。パウロが同志のテトスに語っているように、神の恵みは不信仰と現世的な欲望を捨て、新しいいのちを生きられるようになるため、教え導いてくれます。イエスは「良いわざに熱心な選びの民をご自分のものとしてきよめるため」に来られました。

あなたがどんな人生を送り、今どんな状況にあろうとも、私たちを教え、贖うために働く恵みの力を軽視してはなりません。コリント教会へあの恐ろしい罪のリストを送ったパウロは続けてこう述べています。「あなたがたのうちのある人たちは、以前はそのような者でした。しかし、主イエス・キリストの御名と私たちの神の御霊によって、あなたがたは洗われ、聖なる者とされ、義と認められたのです」（Ⅰコリント六・一一）。

だいぶ前に私は、いわゆる通俗心理学の本を読んだことがあります。当時のベストセラーでした。このような本にはいつも意気消沈させられます。どの本も、多かれ少なかれ、幼少期のあれやこれやの経験が大人になって悪影響を及ぼすと主張するからです。このような本を読んでまず思うことは、私が子どもの頃、両親は確かに後の私に影響を与えるような間違いを犯したなあ、ということです（親は誰でも間違うものです。けれども私の両親は素晴らしかった！）。そして私も、子どもたちが小さい頃同じような間違いをしたと思うのです。こうなると、誰にも希望はないとさえ思えてきます。

けれども、ある友人とこの本について話している時、その友人が何と言ったかを鮮明に覚えています。「この本には恵みが入り込む余地がない。それが問題だ」。なんと適切な捉え方でしょう。神の恵みは最も損なわれた人生に入り込み、それをきよめます。そして成長し続け、純潔を保つ人生となるように、鍛えてくれるのです。人生のあらゆる側面同様、セックスについても同じことが言えます。

聖書を共に学ぶ私たちは、聖書が、損なわれ、傷を負った過去を持つ人々に語りかけていること、そしてイエスが赦しと回復を与えてくださることを決して忘れないようにしましょう。また、神が恵みにより、損なわれた人生を純潔において成長していく人生へと変えてくださることをも深く心に留めましょう。その純潔の人生は終わりの時、復活と共に完成されます。

学びとディスカッションのための設問

この章で取り上げられた聖書箇所を再読しましょう（Ⅰコリント六・九～一一、ヨハネ八・一一、ヨエル二・二五、テトス二・一一～一四）。

1　セックスや結婚において、良くも悪くも、手本としてあなたに最も影響を与えた人は誰ですか。実際に知っている人物と、映画、ドラマ、雑誌、本の登場人物の両方を考えてみましょう。

2　良くも悪くも影響を与えた人々のことをことばで表してみましょう。彼らはどのようにふるまいましたか。そして彼らから、良きにつけ悪しきにつけ、どのような影響を受けましたか。

3　善悪に関するあなたの考えに、その人たちはどのような影響を与えましたか。

4　もしあなたが結婚しているなら（もしくは将来する時に）、あなたのどんな「過去」が結婚に影響を与えていると思いますか。それは、結婚についての考え方や期待に、どのように影響しているでしょうか。

5　心を静め、その「過去」を神の前に差し出す時間を取りましょう。この章で紹介した三つの恵みについて考え、その恵みをあなたの心深くに届けてくださいと祈りましょう。赦しを求め、キリストによって過去がきよめられることを祈りましょう。

6　性的な純潔を求める時に、どんな葛藤がありますか。どうすれば、神の恵みにより前進できるでしょう？　これから純潔が増し加えられるように恵みを祈り求めましょう。

第二章

Married for God

目的を持って結婚する

ローラは孤独と苦々しい思いに苛まれていました。アンディと結婚して四年になります。結婚した日をなつかしく思い出します。素晴らしい結婚式でした。創世記の「人がひとりでいるのは良くない」という聖句を引用した牧師の話に励まされました。神の愛によってお互いのために造られた二人はおとぎ話の中にいるようだと牧師に言われ、心がぽっと温かくなったものです。人がひとり寂しく過ごすのは良くないことも分かりました。結婚した今、孤独を恐れる必要はもうありません。ローラは幸せいっぱいでした。彼女が結婚にかけるすべての夢はアンディと共にかなえられるのです。夢のような結婚式に酔いしれ、ローラの胸は高鳴りました。

しかし結婚してからの四年は大変な日々で、ローラは今一人座り、自己憐憫《れんびん》と苦痛に満ちた涙を流しています。現実はどうしてこうも違ったのでしょう。結婚後、アンディの転勤に伴って二人は引っ越しました。大学時代の友人は何百キロも離れた所に住んでいますから、電話代ははね上がりました。彼女は本当に孤独でした。アンディは仕事に夢中で多忙です。そして帰宅したらいつでも、満面の笑みでローラに迎えてほしいと思っていました（帰宅はたいてい、彼女が楽しくもない家事を終えて一時間半後のことでした。ローラは自分が受けた教育を生かせる仕事を見つけられずにいました）。

「結婚は期待外れだった」。それがローラの正直な気持ちです。結婚前に抱いていたイメージや牧師の話とは似ても似つかぬ生活です。もし残りの人生もこのような寂しさに満ちたものなら、この結婚を続けることに意味があるのだろうか。苦痛の中でローラは逡巡《しゅんじゅん》します。そもそも結婚にはどんな意味があるのでしょう?

＊＊＊

なぜ、こんなことになったのでしょう? もっと基本的な問いをするなら、どうして神は男と女を創造されたのでしょうか。クリスチャンは聖書に三つの答えを見出しています。

一、子どもを産まないよりは産むほうがいい。セックスは子どもを産むためにある。子どもは素晴らしいのだから。

二、自己中心ではなく信仰中心。セックスは信仰に根ざす愛情を育むためにある。愛情は素晴らしいのだから。

三、混乱より秩序。結婚は性的欲求が暴走し、社会の秩序を破壊しないための防御としてある。結婚は社会がセックスの混乱に陥らないためにある。

これら三つは、時に伝統的な結婚の「善(善き目的)」と呼ばれます。どの考えも聖書に根拠があります。詳しくは三、四、六章で説明します。

しかし、この三つの答えのうち、どれがいちばん重要なのか定かでないのが問題です。具体的に言うと、子どもを持つのが結婚のいちばんの目的だと主張するのがカトリック信仰で、関係性に重きを置くのがプロテスタント信仰です。三番めの考えを積極的に支持する人はあまりいません。否定的で消極的な印象を受けるからでしょう。

私たちはどう考えればいいのでしょう。三つのうち、どれに結婚の焦点を合わせるべきでしょうか。ローラのように寂しい結婚に耐える人にとっての目的とは何でしょう。どうして結婚生活を続けるのでしょうか。子どもを授からない夫婦にとって結婚の目的とは何でしょう（不妊に苦しむ夫婦は決して少なくありません）。子どもを授からなければ、結婚は空しく、意味のないものになるのでしょうか。さまざまな考えを統一する神の目的を知る必要があります。そこで、神が男と女を創造されたおもな目的について学んでいきましょう。

本書での学びの基盤となるこの章では、創世記にさかのぼり、どうして神は人類を敢えて男と女に創造されたのかという根本的な問題に取り組みたいと思います。セックスと結婚について聞かれたイエスは、ご自分の権威を証しする箇所として創世記一～二章を選びました。パウロもそうでした。この二つの章から堕落以前の世界の様子を学ぶことができます。

結婚の基盤についてもこの二つの章に記されています。創世記一・二六～三一、そして二・一五～二五です。イエスもパウロも創世記一・二七（「神は……男と女に彼らを創造された」）と二・二四（「それゆえ、男は父と母を離れ、その妻と結ばれ、ふたりは一体となる」）を引用しています。同じ引用はマルコ一〇・六～八、エペソ五・三一、Ⅰコリント六・一六にも見られます。創世記のこの二つのみことばを注意深く学んでいきましょう。

創世記一・二六～三一に示された基盤

「神は仰せられた。『さあ、人をわれわれのかたちとして、われわれの似姿に造ろう。こうして彼らが、海の魚、空の鳥、家畜、地のすべてのもの、地の上を這《は》うすべてのものを支配するようにしよう。』神は人をご自身のかたちとして創造された。神のかたちとして人を創造し、男と女に彼らを創造された。神は彼らを祝福された。神は彼らに仰せられた。『生めよ。増えよ。地に満ちよ。地を従えよ。海の魚、空の鳥、地の上を這うすべての生き物を支配せよ。』神は仰せられた。『見よ。わたしは、地の全面にある、種のできるすべての草と、種の入った実のあるすべての木を、今あなたがたに与える。あなたがたにとってそれは食物となる。また、生きるいのちのある、地のすべての獣、空のすべての鳥、地の上を這うすべてのもののために、すべての緑の草を食物として与える。』すると、そのようになった。神はご自分が造ったすべてのものを見られた。見よ、それは非常に良かった。夕があり、朝があった。第六日」（創世記一・二六～三一）

創世記一章が伝える万物の創造は詩的と言っていいでしょう。「良い」ということばが繰り返されます（四、一〇、一二、一八、二五節）。けれども二六節でこの「良い」を「非常に良い」（三一節）に変える何かが起こります。これこそが創造のわざの完成でした。神はその完成を見て「非常に良い」と宣言します。その完成とは男と女の創造であり、それこそが創造の頂点でした。男性と女性が神の造られたこの世界にしっかりと心を向け、秩序ある場所として治めることが「非常に良い」と神は言われたのです。

二六〜三一節は人類について、互いに関連する四つのことを教え、また示唆しています。

一、人は神のかたちに造られました。動植物とは一線を画す独自の尊厳を与えられました。

二、独自の特権も与えられました。神は人に、思慮深く地球を管理する男女として増え広がるように命じられました。

三、私たちは男と女に創造されました。男性らしさ・女性らしさを持って神の創造された世界を管理するためです。

四、創造主である神を喜ぶ存在として造られました。創世記で触れられたこの点を詩篇八篇が詳説しています。私たちは感謝を持って神に頼り、喜びを持って神の命令に従うべき存在だということが書かれています。

尊厳、特権、性別、そして神の前に生きる喜びというこの四点を関連づけて考えることが大切です。結婚について言えば、神に、そして人間に与えられたこの世を管理するという特権に注目する必要があります。これをずばり「神に仕える中でのセックス」と呼びたいと思います。結婚とセックスに関する私の主張はこの一文に要約されます。

結婚はセックスがすべてだと主張したいのではありません。けれどもセックスによってこそ結婚は、友情そしてその他の関係とは区別されます。「神に仕える中でのセックス」の「セックス」は、性的な親密さと信仰を種として成長し、発展する結婚全体を簡潔に表すものです。簡潔に言えば、愛情、友情、協調、歓喜、そして信仰が夫婦関係の隅々にまで行き届いた状態がセックスなのです。ですから結婚の最善の状態とはつまり、愛と喜びに満ちて神にお仕えすることだと分かるでしょう。この観点に立って夫婦は周囲を見渡し、神が創造された世界にどう関わっていくのかを共に模索するのです（独身の方も同じように神を賛美し、仕えるようにと招かれています。けれども既婚者に特有の奉仕のしかたがあるのです）。

創世記一章が描きだす物語を読んでみると、二五節に至るまでに世界があらゆる生き物であふれていることが分かります。この命あふれる世界を人類が治めるのであれば、大人数が必要です。それで、「男と女に」造られ、増え広がるようにと祝福されたのです。ですから私たちは、男性らしさと女性らしさを生かしながら喜んで神に仕え、この世を治めるために、男性と女性に造られたのです。

この教えが創世記一章の基盤です。けれども二章はどうでしょう。エデンの園を巡る物語ですが、一章で語られたこととはだいぶ話が違うように思えます。ですから二章を正しく理解することが大切です。

創世記の基盤二・一五〜二五

「神である主は人を連れて来て、エデンの園に置き、そこを耕させ、また守らせた。神である主は人に命じられた。『あなたは園のどの木からでも思いのまま食べてよい。しかし、善悪の知識の木からは、食べてはならない。その木から食べるとき、あなたは必ず死ぬ。』また、神である主は言われた。『人がひとりでいるのは良くない。わたしは人のために、ふさわしい助け手を造ろう。』神である主は、その土地の土で、あらゆる野の獣とあらゆる空の鳥を形造って、人のところに連れて来られた。人がそれを何と呼ぶかをご覧になるためであった。人がそれを呼ぶと、何であれ、それがその生き物の名となった。人はすべての家畜、空の鳥、すべての野の獣に名をつけた。しかし、アダムには、ふさわしい助け手が見つからなかった。神である主は、深い眠りを人に下された。それで、人は眠った。主は彼のあばら骨の一つを取り、そのところを肉でふさがれた。神である主は、人から取ったあばら骨を一人の女に造り上げ、人のところに連れて来られた。人は言った。『これこそ、ついに私の骨からの骨、私の肉からの肉。これを女と名づけよう。男から取られたのだから。』それゆえ、男は父と母を離れ、その妻と結ばれ、ふたりは一体

となるのである。そのとき、人とその妻はふたりとも裸であったが、恥ずかしいとは思わなかった」（創世記二・一五～二五）

創世記二・一八の間違った読み方

まず最初に、二章一八節はしばしば間違った解釈がされてきたことを指摘させてください。一八節で神は「人がひとりでいるのは良くない。わたしは人のために、ふさわしい助け手を造ろう」と言います。これは驚きです。何度となく「良い」そして「非常に良い」と言われていた世界に「良くない」ものがあったのですから。けれどもそれは男の助け手である女が登場するまでは、ということです。ここで問題となるのは、「良くない」とはどういう意味かということです。聖書によればそれは、「人がひとりでいる」ことです。けれどもここでいう「ひとり」とはどういう状態を指すのでしょうか。

「ひとり」は「寂しい」と考えるのが一般的です。「そうか。かわいそうに。アダムは寂しかったんだな。エデンの園で動物に囲まれているだけだもの。犬、猫、牛、セキセイインコ、金魚はペットになるかもしれない。でもそれでは充実した関係を誰かと築きたいというアダムの願いはかなっていない。神がアダムに妻を与えたのは、彼が寂しさを感じなくなるためだ」。

このように読み解くのが一般的でしょう。神は単にアダムの「個人的必要」を満たしたに過ぎないと解釈する人がいます。「結婚の目的は寂しさの解消だ」と言う人もいます。

数年前、娘に子どものための聖書物語を読んでいて、創世記二四章まで読み進めた時のことです。ここで年老いたアブラハムは、息子イサクが一族から伴侶を選ぶことを望みます。約束された家系の継承が念頭にあったからです。けれどもこの聖書物語にはこうありました。「アブラハムは考えました。『イサクは自分を**愛してくれる**妻を見つけなくては。私が死ぬ時、**ひとり**でいてほしくない』」（太字は著者による強調）。

二四章にはそう書かれていません！　けれどもこれが二一世紀を生きる人の理解です。「結婚しなければ、愛されていることにはならない。そして結婚しなければ寂しい人生なのだ」と思うのです。

この誤解に基づく考えを簡潔に記せば「自分が満たされるためのセックス」もしくは「自分自身に仕える中でのセックス」となるかもしれません。**自分にとっての**関心事は**自分の**充足であり、**自分の**必要を満たすセックスなのです。けれども、創世記二・一八（「人がひとりでいるのは良くない」）の教えをもって、結婚は私たちの必要を満たすために創造されたと考えるのは誤りです。二つの理由を紹介しましょう。そしてその誤りが引き起こす悲惨な末路についても説明しましょう。

結婚はどうして寂しさを解決するものにはならないのか

〈理由1〉　創世記二・一八は文脈の中で読まれなくてはいけない

この節を二章全体の文脈から切り離し、単独で取り上げるのは間違った読み方です。一八節は唐突に語られたことばではなく、四節から始まる物語の一部として存在します。二章で述べられる創造物語には、ある問題があります。天地は造られましたが、土を耕す人がいなかったのです(五節)。

そこで神は、土を耕し管理する人間を創造されます（七節)。創世記一・二六～二八で学んだように、この管理こそが人類創造の目的です。ですから神はアダムをエデンの園に住まわせ、「耕し」「守る」ようにと命じます（一五節)。アダムに農場主・公園管理人になれとおっしゃったのです。神の園を託されるとは、とてつもない責任と尊厳を伴うことです。

神は園を注意深く見渡し、そこに頼りなげなアダムが当惑した様子で立っているのを見て言います。「アダムひとりにこの仕事を任せるのは良くない。彼が寂しいからではない（寂しかったかもしれないけど！)。彼ひとりに任せるには荷が重すぎるからだ」。だからこそアダムは「友」ではなく「助ける者」を与えられたのです。

もし彼が本当に寂しかったのなら、友こそが必要でした。園のベンチに一緒に座り、手を取ってくれる、そんな友です。エバは間違いなくアダムの素晴らしい友となったことでしょう（英語の聖書では、マラキ二・一四で、妻がcompanion=友人と呼ばれています)。けれどもエバは「助ける者」、つまり共に仕事に携わる者として、アダムに与えられました。

アダムが助け手を必要とした時、どうしてもう一人の男ではなく女が与えられたのか、そう問うてみるのもいいかもしれません。「くだらない。差別的だ」と思われるのを覚悟で言いますが、平均的体力という観点から言うならば、男のほうがより屈強だったかもしれません。ではどうして創造されたのは女だったのでしょう。

創世記一〜二章は二つの理由を記しています。一章では子どもを持つことが挙げられています（二八節）。もっともな理由です。エデンの園などという広大で美しい園を管理するには、一人、二人の農場主では足りないからです。家族を築いて、全員で仕事にあたらなければいけません。二章では別の理由が挙げられています。それは性的な親密さという喜びです。二三節でエバを見たアダムは歓喜に包まれ「ついに！」と声を上げます。エバこそが、ふさわしい助け手を待ち望んでいたアダムに与えられた答えでした。エデンの園で神に仕えるという特権に心からの喜びを持って共に奉仕し、働く助け手です。

新郎たちは時代を超えて、創世記二・二三で描かれるアダムと同じ歓声を上げてきました。二五節にあるように、ここには恥とは無縁の性的欲求と歓喜への極めて自然な肯定があります。しかしここでも文脈から教えられるのは、セックスがもたらす歓喜が結婚の最終目的ではない、ということです。なぜならこの歓喜は目的の共有、同じ目標を持つ者同士の親密さ、夫婦という枠組みを押し広げる仕事の中で生まれる友情に関係するものだからです。エデンの園で憩うカップルの喜びはよく分かります。けれども成すべき仕事が待っていることを忘れてはいけません。地は耕されなくてはいけません。神が創造された世界には抜かりない配慮と丁寧な仕事が不可欠なのです。

独身の方は一人であるがゆえに可能となるさまざまな方法で、しっかり神にお仕えします。そして既婚者は夫婦として共に神への奉仕に臨むのです。ですから創世記二章で教えられることの骨子は一章と同じです。つまり「神に仕える中でのセックス」です。

エデンの園を耕すということで言えば、この働きはなにも既婚者だけに限られたものではないことを指摘しておくのも大切でしょう。独身者もまた同じようにこの奉仕に招かれています。重要なのは、結婚しても神に仕えよという召しは終わらないということです。ただ単に神にお仕えするしかたが変わるだけなのです。夫婦での「エデンの園での仕事」への貢献は特有なかたちを取ります。それについては三章、四章そして六章で詳しく学びましょう。

〈理由2〉　聖書の沈黙

結婚は寂しさを癒やすための神の抜本的解決ではないと考える二つめの理由として、聖書全体が「寂しさの解消としての結婚」を支持していない点を挙げられます。もし創世記二・一八がそう教えているのであれば、その教えは聖書全体で一貫しているはずです。けれども聖書は徹底して沈黙を貫いています。

聖書は人の心に宿る切望をあまた描きます。しかしそれらの切望は必ずしも結婚によって満たされるわけではありません。切望を満たすのは交わりです。交わりとは隣人と共に歩むことです。

また、結婚していようが独身であろうが、私たちを愛する神との、喜びにあふれる交わりに生きるために私たちは創造されました。これが最も大切な点です。私たちはまた神の家族である兄弟姉妹との交わりに生きるためにも創造されました。この二つこそがイエス・キリストが与えてくださる福音です。

結婚もまた友情と喜びに満ちた交わりの場であるべきです。ですから、確かに結婚生活の交わりが孤独を解消してくれるはずです。けれども、結婚そのものが寂しさを癒やす力に直結するのではありません。逆に、親しい交わりがあるところならどこでも、あなたを孤独から回復させる神の癒やしが働きます。すべての人が結婚できるわけではありません。けれどもすべての人が神と、そして隣人との親しき交わりに招かれています。

聖書が愛についてどう教えているのかを学ぶために、おもだった箇所を読んでいきましょう。どの箇所もおおむねセックスと結婚には無関係であること、教えの中心は神と隣人との交わりにあることが分かるでしょう。もちろん、あの有名な雅歌のように、例外はあります。ですが、まず次に挙げる聖書箇所について考えてみましょう。

・Ⅰヨハネ四・七〜二一は神の愛と隣人愛についての心温まる教えです。けれども結婚については描かれていません。
・Ⅰテサロニケ二・六〜八においてパウロは、テサロニケのクリスチャンに対する愛を情熱的に語ります。けれどもここにもセックス・結婚への言及は一切ありません。

・ヨハネ一三～一六章でイエスが述べる弟子に対する親密な愛情、そして互いに愛し合うことの麗しさは心を打ちます。けれどもイエスはここでセックスや結婚について語っているのではありません。

・特にⅠコリント一三章の愛に関する素晴らしい記述に注目しましょう。ここに記される愛は結婚とは無関係です。パウロは教会での交わりを通して育まれる愛について語っているのです（コリント教会にはこの愛が欠けていました）。

・人間のあらゆる感情と切望を詳細に描く詩篇でさえ、結婚にはほとんど触れていません（例外は四五篇に書かれた宮殿での結婚式のみ）。詩篇六八・六で「孤独な者」は神のあわれみにより「家」もしくは「家族」に入れられます。結婚ではなく家族です。そして最も素晴らしい家族とは神の家族なのです。

結婚を巡り創世記二章の文脈、そして聖書全体の教えについて学ぶことによって、創世記二・一八が教える結婚の目的が孤独の解消ではないことが分かりました。むしろ創世記二章全体のまとめとなる考えは「神に仕える中でのセックス」でした。男と女は「園（神が創造なさった世界）」に出ていって、共に働きます。神がお考えになる結婚の目的とは、夫婦が結婚において、また結婚を通して神に仕えるということです（独身者は独身であることを通して同じように神に仕えます）。

結婚は寂しさを解消するために神が差し出す解決案ではないことが分かりました。実際のところ、神は私たちの必要を満たすために結婚を設けられたのではないのです。そうだったらよかったのにと思います。けれども神には私たちの必要を満たす以上に、大切な目的があるのです。

ここでお気に入りの漫画を思い出します。数人の原始人が丘の上に立ち、仲間の一人が崖に落ちていくのを見ています。その人が故意に落とされたのは明らかです。彼が落ちていくのを見ながら、（彼を突き落とした張本人である）群れのリーダーが怒りに満ちた目で仲間を見渡し、言い放ちます。「ほかに必要が満たされていないやつはいるか？」一癖ある漫画です。けれども結婚を含めて、すべてのことは自分たちの必要を満たすためにあると思っている私たちの文化と時代をうまく捉えています。

あなたの必要が満たされることを期待して結婚に臨むのなら、愛の本質を理解しているとは言えません。そのことが結婚に破壊の種を蒔くのです。

「必要を満たす」結婚がなぜ間違っているのか

なぜならそれは本物の愛ではないからです。

「自分を愛してくれる者たちを愛したとしても、あなたがたにどんな恵みがあるでしょうか。

罪人たちでも、自分を愛してくれる者たちを愛しています」（ルカ六・三二）

　神に目を向けない内向き思考の結婚が本物の愛に根ざしていない理由として、そういった結婚がセックスと結婚を利己的に見るよう促す点がまず挙げられます。「自分を愛してくれる者たちを愛しても、あなたがたにどんな恵みがあるでしょう」とイエスは教えます。自分を愛してくれる者の目をうっとり見つめるなんていうのは本物の愛ではありません。正真正銘の愛は常に他者に向かってあふれ出すのです。

　ルカ一六・一九〜三一を読んでみましょう。イエスはある金持ちとラザロを比較します。このたとえの最も恐ろしい点の一つは、この金持ちが家族思いだったということです。死んで「よみで苦しみながら」地上の兄弟たちを心配しています。けれども彼の「愛」は真の愛とは呼べません。この金持ちは自宅の門前に横たわる貧しい男ラザロに手を差し伸べようとは思わなかったからです。なるほど彼は家族を愛しています。けれどもその愛は家族を超えて、助けを必要とする人に向かってあふれ出てはいきません。結婚も家族もいとも簡単に利己心を隠す体のいい「隠れ蓑」になります。自分の必要を満たすために結婚するのであれば、その結婚はまさにそれだけになってしまいます。映える仮面をかぶった利己心です。

　「相手を愛する」ことと「自分を愛し、相手を求める」こととの差はほんのわずかです。結婚は聖書の教えと実践を免れた領域だとクリスチャンが考えるなら、それはあまりに浅薄です。結婚の外では犠牲だの、自分に課せられた十字架だのとクリスチャンらしいことを言うくせに、結婚生活では、どうやったらより良いコミュニケーションが取れるだろう、親密さを育めるだろう、セックスの満足度が上がるだろう、幸せになれるだろうと、そんなことばかり話しているのです。

教会で討論会を催した際、自分の息子たちには「開放的で、親密で、性的にも満たされて、自己実現の追求を伴う結婚」をしてほしいと発言した人がいました。そうではなく、神にお仕えすることを目的とする結婚を望むべきでしょう。セックスのうえでも自己実現を追求するというえでも満足いく結婚なら、それは良いことです。けれども神に仕えないのであれば、いくら自己実現という夢がかなえられても、神の前に正しいということにはなりません。結局のところ私たちの知る限りでは、アナニアとサッピラの結婚は見事なコミュニケーションで結ばれ、価値観も共有していました。互いを完璧に理解していたのです。しかし二人は神のさばきにあい、無残な死を迎えます（使徒五・一～一一）。

結婚を壊すもの

次に自分中心のセックス観・結婚観が結婚そのものと社会を壊すという点について考えてみましょう。結婚がもたらすさまざまな事柄への期待が何物にも勝って高い場合、結婚が失敗に終わる可能性もまた、かつてないほどに高くなります。

社会の在り方から結婚の崩壊について考えてみましょう。セックスと結婚を、個人の欲求を満たす手段として見る社会は、男女が互いをうっとりと見つめ、自分の必要を相手が満たし、ただ互いのためだけにあることを良しとします。「恋愛至上主義」とも呼べる文化です。そういった社会では、完璧な結合に生きることがすべての男女の目的となります。実際のところ、「性的関係」を意味する「関係」はこのような考え方を示しています。ですからこの「関係」に入れなければ「寂しい」ということになるのです。もし「関係」の実体がおもに「性的関係」にあるというのが本当ならば、いかなる犠牲を払ってでも性的親密さを築かなくてはと思わされます。でも、こんな嘘を鵜呑《うの》みにする必要はありません。関係とは必ずしもセックスや結婚に限られたことではないからです。

「山が見えないなら、雨が降っている。山が見えるなら、これから雨が降る」。皮肉屋はスコットランド西部の天気についてこんなふうに言います。人気ドラマや映画もこんな感じです。主人公は誰かと性的関係にあるか、これからそうなるかです（そうでなくては「ハッピーな気分にならない」と観客にそっぽを向かれてしまいます。興行収入もパッとしないでしょう）。幸せな独身者を描いて成功した映画を最後に観たのはいつだったでしょう。独身ということばは今や、否定的な意味を帯びているのです。

けれどもこのような関係に生きる人々は、家族や親戚、社会がもたらす良い影響から疎外されてしまいます。新たに社会や家族の一員となって共に社会に仕えることではなく、二人で寝室にこもることこそ大切な時間となってしまうからです。そのような関係は破滅的で激しいので短命に終わると社会学者らは指摘します。歴史家のローレンス・ストーンは言います 。「ある思想家たちがセックス、感情、夫と妻双方の創造的なニーズにおいて充足した完璧な結婚が実現する時代の到来を告げるまさにその今、離婚率が急速に上がっているのは皮肉である」。また、歴史家のクリストファー・ブルックは、破綻した結婚がもたらす惨状を目の当たりにしながら結婚の根幹に深く迫るという矛盾によって、私たちは幸せな結婚に不相当な期待をかけるようになったと指摘します。その一方で、「どんなに幸せな夫婦の小さな家も、外に向かって開かれたドアと窓がなければ住むことはできない」と指摘する神学者もいます。

というのも、私たちはいつまでも相手の目をほれぼれと見つめ、相手が自分の要求をかなえてくれるのを期待するために創造されたのではないからです。そのように考えるなら失望に終わるでしょう。私の妻が、私のことを理想の男性だと思ってくれたことがあったとしても、今は、そうでないことがよく分かったでしょう。それに、もし結婚は自分の必要を満たすためにあると考えるなら、必要が満たされなかった場合どうなるのでしょう。「もし今の結婚で成長も自己実現も期待できないなら、離婚して新しいパートナーを探す**道徳的義務**がある」(太字は著者による強調)とある人が書いていましたが、このような結果になるのです。

結婚に過剰な期待をかけ失望に終わる皮肉を、聖書は完璧に理解しています。聖書はそれを偶像崇拝と呼んでいます。神のご栄光以外のものを追い求めるなら、偶像を拝んでいることになるのです。偶像は無意味で空虚であり、私たちを失望させるだけです。私たちを助けることなどできないのです。イザヤ四四・九～二〇、詩篇一三五・一五～一八がこの点を見事に暴き出しています。「夫婦関係」を人生の目的に据えるなら、失望することは決定的です。意外なことに思えるかもしれませんが、良い結婚を求めるのではなく、神のご栄光を追い求めることが良い結婚へとつながります。利己的な結婚を、「神の園（世界）」のために協力して働く結婚に変えなくてはいけません。いつまでも互いの目をうっとり見つめ合っていてはならないのです。

堕落した世界における神への奉仕

ここまで、創世記一、二章に記される基盤を学び、「神に仕える中でのセックス」の内容をまとめてきました。けれどもこれらのことが今、現代社会で適用されているとは言えません。創世記一、二章と聖書全体の間には創世記三章が横たわっているからです。この三章で、男と女が神に従わなかったためにこの世界は呪われます。「園の管理人」が謀反を起こしたために、破滅へと向かったのです。その結果がこの世の惨状です。創造主を愛し、責任を果たしていた男女がもはや被造物の管理をできないことが呪いの中心にあります。ですから被造物は嘆き、神の子たちが現れ、あるべき姿で治めてくれることを切に待ち望んでいるのです（ローマ八・一九～二二）。

「結婚において神にお仕えする」と言うだけでは不充分です。お仕えする前に赦していただく必要があります。そうでなくてはさらなる破壊を「園」に招き入れることになりかねません。イエス・キリストを通して神と和解させていただくまで、創造主なる神を知ることはできず、神の前で愛に満ちた歩みを始めることはできません。神がどのように世界を治めておられるかを知らなくては、どう携わっていいのかわからないのです。ですから破壊する者から園芸家へと造り変えられる必要があります。エデンの園で働くには、「園芸家」にしていただかなくてはならないのです。

アダムとエバは「産めよ。増えよ」と命じられました（創世記一・二八）。神は「園芸家」チームが増えていくことを望まれたのです。けれども創世記三章に記される不服従により、人間が増えたからと言って、良い「園芸家」が増えるとは限らなくなってしまいました。人間が破壊者になってしまう可能性が生まれたのです。ですから今世界に必要なのは単に大勢の人間ではなく、神の家族に再び迎え入れられた人間、つまり、神を知り、愛するゆえに良い「園芸家」になれる人間です。だからこそ信仰の父アブラハムは本来アダムに与えられていた子孫繁栄の約束を何度も繰り返し受け取ったのです（創世記一五・五、一七・四など）。人はどこでも生まれ、増えていくでしょう。けれども恵みは、神の人が増えることにより世界にもたらされます。神の子は「園芸家」になるよう鍛えられるからです。

単に子どもを授かるだけでは神への奉仕につながらないことが分かりました。子どもたちにイエス・キリストの福音を伝え、イエスの前にひざまずくよう招くことが何よりも大切なのです。キリストの福音を宣べ伝えることが奉仕の中心です。そのことをいつも心に留めながら、本書での学びを進めていきましょう。

結論――神に仕える中でのセックス

序章と同様、この章も悔い改めの必要に強調を置いて締めくくります。自分の幸せと自己満足を追求するのが私たち本来の性質です。この性質は生活全般に及び、セックスもその例外ではありません。「自分を喜ばせるセックス」を求めるのが本来の私たちの姿なのです。

けれども、男と女は自分の必要を満たすためではなく、創造主なる神に仕えるために創造されました。神の造られた良い世界を管理するために、神は私たちをこの世に置かれたのです。そしてその際に、私たちが男性、女性それぞれに与えられた特質を生かしてこの世界に仕えることを望んでおられます。このことは独身の男女にも同様に当てはまり、彼らが独身の男性として、また女性として、喜びを持って実り豊かな奉仕をすることが望まれています。けれども既婚者は自問しなければいけません。「どうしたら結婚において夫婦共に神にお仕えできるだろう。どうしたら『神に仕える中でのセックス』を実現できるだろう」と。

これは必ずしも、夫も妻も常に同じ場所にいて同じ仕事をするということではありません。そんなことはなかなかできないでしょう。そうではなく、全力で互いを支え合うのです。そうすることで一緒にいようがいまいが、結婚において、また結婚を通して、神にお仕えできるのです。

そのためには、お金の稼ぎ方や、神の国の価値観を反映したライフスタイルの決め方、献金などが非常に現実的な意味を持ちます。

もしあなたが独身で結婚を待ち望みつつまだその機会が訪れていないなら、王子様やお姫様を待つのみで、立ち止まったままの人生を送ることがないよう、助けを祈り求めましょう。今あるままで喜びと充足感をもって神にお仕えできるよう、決心を新たにするのです。

もしあなたが結婚を控えているなら、心から神にお仕えすることがあなたと婚約者の共通の目的となるようにと祈りましょう。もし結婚しているなら、夫婦として神にお仕えできるよう、自分たちを新たにささげ直しましょう。良いコミュニケーション、セックス、互いへの愛情から視点を移し（どれも大切なことではありますが）、今一度、あなたを創造なさった神に向かう姿勢を正すのです。結婚によって新たにもたらされたすべての機会を生かし、神にお仕えしますと祈りましょう。夫婦ならではの神にお仕えする三つの方法については、三、四、六章で詳しく学びます。

学びとディスカッションのための設問

まず創世記一〜二章を熟読しましょう。

1 「結婚の目的は何か」という問いに対するキリスト教の伝統的な三つの答えは何ですか。

2　a　創世記一・二六～三一が教える、人間に関する四つの真実は何ですか。
b　この四つの真実から、神がお考えになるセックスと結婚の目的について何が分かりますか。
c　「神に仕える中でのセックス」にはどんな意味がありますか。

3　a　創世記二・一八の意味はどのように誤解されてきましたか。
b　なぜその解釈が間違っていると分かるのですか。

4　間違った解釈が破滅的なのはなぜですか。

5　創世記二・一八が本来教えていることは何ですか。その教えは、神がお考えになる結婚の目的を理解するうえでどのような助けになりますか。

6　（既婚・未婚にかかわらず）あなたの結婚観について考えてみましょう。どうやったらあなたの結婚観と結婚にかける期待を、神ご自身の目的に近づけることができますか。

7　あなたがお金についてどう考えているか、正直に話してみましょう。Iテモテ六・六～一〇、一七～一九、ヤコブ五・一～六、ルカ一二・一三～二一を読みましょう。
a　神に栄光を帰するような正しく、不正のないお金の稼ぎ方をすることに満足していますか。
b　どんな生活水準に慣れているでしょう（子どもの時など）。
c　結婚に何を期待しますか。
d　生活水準が継続的に上がり続けることを期待していますか。
e　結婚や経済にかけるあなたの期待を「この世でに神にお仕えする」という観点から見たら、どんな発見がありますか。
f　お金について夫婦で率直に話し合えますか。
g　二人の間で生活の優先順位は一致していますか。それは神の優先順位とも一致していますか。
h　献金や慈善活動について夫婦としてどう考えますか。

8　もし結婚してある程度の年月を過ごしているなら、あなたの結婚が神への奉仕にどうつながっているか考えてみましょう。
a　子どもの誕生や独立で、結婚を取り巻く環境に変化はありましたか。
b　もしそうなら、新しい環境の中でどのように神にお仕えしますか。

9　神に仕えることは、あなたの仕事に関する決断にどのように影響しますか？

第三章

Married for God

子どもを持つ意味とは？

ゲイリーは電話を切りました。ショックで動けません。まったく予想していなかった事態です。結婚して半年、サラが妊娠したのです。想定外でした。子どもについて話し合ったことなどありません。子どもを持ち、家庭を築くなんてまだ計画していなかったのです。それなのにサラが妊娠してしまいました。わずか数秒の間にゲイリーの心は次のように動きました。

1．住宅ローンの返済について、いかにサラの給料を頼りにしているか。
2．半年後に計画しているトレッキングの旅。
3．寝室がたった一つの狭いアパート。
4．その他もろもろの影響（悪いものばかり）。

帰宅した彼を待っていたのは、号泣するサラでした。良い母親になれるかどうかずっと不安だったけれど、絶対になれないと言います。彼女はおびえ切っていました。ゲイリーの慰めもおざなりでした。「誰がしくじったのか」を巡って大喧嘩になりました。

それぞれの職場で妊娠のニュースがもれるやいなや、同僚たちの祝福を受けました。「祝福じゃない。哀れまれているんだ」としか思えませんでしたが、平静を装い、歯を食いしばって「ありがとう。本当に嬉しい」と答えました。内心では、「何がめでたい。事故に遭ったようなものなのに」と思っていたのです。

＊　＊　＊

「神は彼らを祝福された。

『生めよ。増えよ。地に満ちよ。地を従えよ。海の魚、空の鳥、地の上を這うすべての生き物を支配せよ。』」（創世記一・二八）

神が創造された世界を慈しみ、神に仕えるために、神は私たちを男と女に造られたと第二章で学びました。そしてその考えを「神に仕える中でのセックス」とまとめました。本章、四章、六章では、それが具体的にはどのようなことかを、伝統的な三つの理由――子ども、夫婦関係、性的秩序――を例に挙げて学びましょう。

子どもについての学びから始めるのは常識的ではないし、そんな話は聞きたくないと思われるかもしれませんが、子どもを持つことについて考えることから始めたいと思います。それには訳があります。婚約中か婚約を考えている方は、子どもの話はまだ早いと思われるでしょう。まだ先のことのように思えますよね。けれどももし結婚を考えるなら、神が描かれる未来図のどこに子どもが当てはまるのかを考えてほしいのです。この章を読み飛ばして先に進んでほしくありません。

子どものいない夫婦にとっては読むのがつらい章でしょう。子どもを持つことが結婚においてどのように神のご意志を表すのか、この点を学ぶのは苦痛かもしれません。そう考えると私の心も痛みます。本章の終盤に収めた子どもがいないことに関する記述が、慰めと助けになるようにと心から祈ります。

創世記一章二八節で「生めよ。増えよ」という恵みが男女に与えられたのは、神が託された世界を治め、守るためだと学びました。子どもたちもやがて神に仕える人となりますようにと願いながら、私たちは子どもを育てます。それが神に仕えるということです。創世記二章の学びでも「園」ということばを鍵に同じ結論に至りました。園を手入れし、守るという仕事は、アダムが一人でするには大きすぎたのです（創世記二・一五～一八）。ですから共に働く助け手としてエバが与えられました。アダムと平等の立場で共に働く貢献と共に、エバには子どもを産み、育てるという独自の特権が与えられました。「エデンの園の園芸チーム」を拡充するためです。

子ども——呪いではなく恵み

このエバに与えられた特権から、聖書は子どもを呪いではなく恵みと捉えていることが分かります。この点に関する聖書の一貫した主張は「乳房と胎の祝福」（創世記四九・二五）という詩的表現に反映されています。生命が誕生すれば喜び祝い、誕生が阻まれれば嘆き悲しみます。旧約聖書に記されるこの姿勢は、初代教会を当時の社会の影響から最も明確に切り離しました。初代教会に生きた信仰者が当時最も異彩を放ったのは、中絶と嬰児《えいじ》殺しという風習の拒絶においてでした（特に女児殺しは珍しくありませんでした。この慣習がいまだに残る地域もあります）。初代教会は徹底的に生命を尊重し、いかなる殺人も認めませんでした。現代を生きる私たちもそうあるべきです。

けれども今日の現代社会は、この深遠かつ根本的な姿勢を共有していません。聖書は私たちを神への感謝を持って子どもに向き合わせます。しかし現代社会は、どうも子どもを呪いと捉える場合があるようです。ことばが過ぎるかもしれません。けれどもそれが真実だと思います。不安と恐怖でもって私たちを子どもから離す潮流があるのです。

英国では五つの受胎の一つ以上が中絶されます。婚姻関係内の中絶も多くありますが、婚姻関係外で行われる中絶はさらに多いのが現状です（同棲カップルが中絶する割合は婚姻関係内の中絶の四倍です）。女性が出産する年齢は何十年にもわたって高齢化し（一九七〇年以降、十年間で一年の高齢化）、少子化が進んでいます。一九七〇年代以降、ヨーロッパ各国の出生率は、安定した人口を維持するのに必要な率を大幅に下回っています。もし移民がやって来なければ、英国もやがて日本のようになるでしょう（正反対の問題を抱える国ももちろんあります。子どもに対する態度が非常に前向きで、人口増加のスピードを遅くすることが推奨される場合もあるでしょう）。

神の視点を欠くならば、望ましい存在なら子どもは偶像化され、そうでないなら虐待されます。子どもをまったく望まない人たちもいます。「英国親にはならない協会（British Association of Non-Parents)」の議長は、「父親になりたいと思ったことは一度もありません。そのような責任を負いたくはないのです。育児が毎日、そしてうんざりするほど長く続くのは事実でしょう? そのようなかたちで子どもに人生をささげたくはないのです」と言います。親に求められることをこの人はよく分かっています。けれどもこうも利己的であるのは間違っています。結婚カウンセリング団体「リレイト」に所属するあるカウンセラーは言います。「子どもを持たないという決断は通常、ライフスタイルに関する事柄です。すでに人生を謳歌《おうか》している人たちは、子どもを持つことで人生に変化が生じることを歓迎しないのです」。

もちろん、子どもを欲しがる人たちは今でも大勢います。しかし、彼らの観点もまた、往々にして聖書のそれとはずれています。例えば、「誰かに必要とされたい」という欲求を満たすために子どもを欲しがる人たちがいます。女優ミッシェル・ファイファーはそんな一人です。「私は子どもを持つことが必要だと考えました。その必要を人生の中心、基盤にどうしても据えたかったのです」。自分が今だと思う時に、希望する性別と、選り好みした遺伝子を持った子どもを欲する人たちもいます。子どもを持つ・持たないの決断は単に個人的なライフスタイルの選択として捉えられているのです。けれども聖書はまったく異なる概念を示します。子どもは神から与えられる素晴らしい贈り物であり、私たちは深く感謝しなくてはいけないと聖書は教えます。たとえ時に子どもたちが手に負えず、私たちを疲労困憊《こんぱい》させるとしても!

やがて神に仕える人になってほしいと願いつつ育児する

「神にお仕えしたいから、結婚して子どもを授かりたい」。これこそ聖書が示す姿勢です。子どもを授かるという恵みは、結婚において夫婦が共に行う奉仕の大切な実践です。子どもとは、愛くるしいから（もしそう思っているなら）、周囲が期待するから（もしそう期待されているなら）、望むものではありません。「神の園」に生き、そこを治める「園芸家」を神が求めておられるから、子どもを授かりたいと願うのだと聖書は教えています。創造主は夫婦に厳粛な特権と責任を託されます。それは将来見込みある（神のために園を耕す）「園芸家」を増し加えることです。こういった「園芸家」が神の「園芸チーム」の一員になることを神は求めておられるのです。

ですから子育てが非常に大切なのです。うまくこなせる人など一人もいません。いつでも神の慈愛にゆだねる余地を残すことがどうしても必要になります。この点を踏まえることがとても大切です。将来「園芸家」になるかもしれない赤ん坊が生まれるだけでは足りません。その子が将来、一人前の「園芸家」へと成長できるよう育児に取り組むことが大切です。やがて神を愛し、この世を慈しむ人となることを祈りながら、子どもを教え、しつけます。「子どもたちと後の家族に命じて、彼らが主の道を守り、正義と公正を行うように」（創世記一八・一九）神はアブラハムに命じたと、聖書は教えています。

「子どもを授かる」ということは「妊娠」という、ともすれば分かりやすく、心躍る経験をはるかに凌駕《りょうが》します。子どもが母の胎内で育ち、無事生まれ、養われて成長するだけでは終わりません。どの段階も素晴らしいのです。しかし神が求めておられるのは「園芸家」です。神と共に人生を歩み、この世に愛を注ぐしもべです。

つまり信仰に根ざした育児という特権のある大事業に具体的に取り組むことで、夫婦は「神に仕える中でのセックス」に与るということです。「文学は余すところなくセックスを描くが、子どもにはほとんど言及しない。実際の結婚では正反対のことが起きる。結婚の大部分は子どもに費やされ、セックスが入り込む余地は切ないまでにない！」とは機知に富む人のことばです。にもかかわらずセックスと育児は、結婚という素晴らしい関係を統合するものなのです。

子どもを持つという願いと、神の創造なさった素晴らしい世界の豊かな一部として家庭を築くというビジョンを同時に抱いてほしいと聖書は教えています。

この願いとビジョンが切り離せないものであることは、申命記二八・三〇が描く三重の呪いからも分かります。契約の民が神に従わないと何が起きるのか、三つの展開が示されます。第一に「あなたが女と婚約しても、ほかの男が彼女と寝る」。第二に「家を建てても、その中には住めない」。第三に「ぶどう畑を作っても、その初物を味わうことはない」。

結婚、家、ぶどう畑が否定されているのではありません。それらをつなぐために注がれる神の恵みが失われると言っているのです。結婚、家、ぶどう畑とは、単なる夫婦という枠組みを超えたビジョンを表すもので、信仰を中心に据えた家庭生活を営む夫婦の象徴なのです。そしてこういった家庭が「神の園」の実りある、しっかりした管理に貢献するのです。

箴言は愛に根ざした父母のしつけについて豊かに語ります（一・八など）。良きにつけ悪しきにつけ、父母が与える絶大な影響を聖書はよく理解しています。例えばアハズヤ王が善悪の判断がつかないならず者だったのは「彼の母が助言者となり、悪を行わせた」（Ⅱ歴代誌二二・三）からだと聖書は記します。対照的なのはテモテです。信仰に生きる母（そして祖母）が示したお手本が彼に好影響を与えました（使徒一六・一、Ⅱテモテ一・五、三・一五）。パウロもまた育児について一家言《いっかげん》あり、父親は「主の教育と訓戒によって育てなさい」（エペソ六・四）と諭しています。

両親は子どもの教育者そしてお手本にならなくてはいけないというのが、聖書を貫く基本理念です。親は神の真理を教える教育者であれと言われています。神の恩寵により、親は敬虔な信仰に基づく家庭を築けるよう最善を尽くし、そこで子どもたちにお手本を示します。神の御旨にかなう正しい行いを示し、公平と愛に根ざす権威をもって子どもたちを導くのです。何より大切なのは、子どもを甘やかすのではなく、子どもの最善を願う愛を注ぐことです（ヘブル一二・七～一一）。

子どもたちが責任感ある社会の一員となるために育児をするのはもちろんです。しかしそれ以上のことが私たちに求められています。イスラエルの民には世界を（ということは善悪をも）創造された神、そしてその神の救いについて学ぶことが求められました。聖書のことばを借りるなら、育児には律法（善悪の基準）と恩寵（イエス・キリストへの信頼）のどちらも必要だと言うことができます。イエスにおける神の愛と赦しを教えなければ、善悪の基準は単に押しつけがましい重荷であり、苦々しく思われるだけです。ですから両親に与えられている何より大事な義務と特権とは、朝に夕に、そして時を選ばずいつでも、子どものために祈ることです。クリスチャンホームで育つことで与えられる最もありがたく、そして最も過小評価されている恩寵の一つは、毎日、たゆむことなく祈られてきた、そしてこれからも祈られるということです。

以上を踏まえたうえで、親は子どもの人生を生きることはできないということを、いつでも心に留めていなくてはいけません。神に対する親の責任は、子どもを愛し、教え、面倒をみて、しつけをし、子どものために祈ることです。そのいずれにおいても最善を尽くします。しかし子どもがどう応えるかについて、私たちは最終的な責任を負えません。信仰深いテモテの母と祖母は、テモテが敬虔な信仰者へと成長するのを見届けました。けれども最も悪名高きユダヤの王の一人マナセは、最も偉大な王の一人ヒゼキヤの息子であったことを思い起こすとハッとさせられます(Ⅱ列王記一八〜二一章)。

子育ては夫婦特有の神への奉仕ですから、子どもとは、望まれ、歓迎されるべき存在です。「二人いれば仲間。三人いれば人混み」などと言いますが、親は「三人も仲間、四人も仲間。五人以上はもっと素晴らしい仲間」と言うべきです。「神の園」がより多くの「園芸家」によって愛され、育まれることを私たちは切望しているからです。

以上のことすべてが、実際の子育てと密接に関係しています。私たちは子どもの成功を偶像化する文化に生きています。例えば教育がそうです。子どもたちが良い学校に入り、試験で優秀な成績を修めることが、敬虔な信仰を持つように育てることより重視されます。これが偶像化です。両親が、愛情と時間を注ぐ必要のある子どもへの信仰教育より、自分たちの仕事を優先することだってしばしばです。

「私たち」の子どもへの期待を「神」の期待に合致させましょう。神がお考えになる優先順位に倣って親としての決断をしましょう。聖書は私たちにそう迫っています。

必要なのは子どもか、クリスチャンか

子どもに対するこの非常に前向きな態度に異を唱えるクリスチャンもいます。「これは旧約聖書が紹介する一つの観点にすぎません。必要なのはより多くの人ではなく、より多くのクリスチャンでしょう」と彼らは言いたいのです。そして、妊娠・出産という身体的プロセスは、祈りによって人々が新しいいのちに導かれるという霊的チャレンジに取って代わられるのだと主張します。

この主張がなぜ誤りであるかを理解しておくことは重要です。理由は簡単です。ルカ二〇・三六でイエスが答えています。復活を信じないサドカイ派が、夫を亡くしては再婚を繰り返す女性について意地の悪い難問をイエスにぶつけます。この女性は誰の妻として復活するのかと言うの

です。イエスは、復活において結婚はもはや存在しないと答えます。なぜなら「もはや死ぬことがない」からだと。来る世に死はないので、次の世代を生み出す必要もないのだから、結婚は存在しないという非常に分かりやすい説明です。

けれども死がある限り、次世代が生み出されていかなくてはいけません。ですから結婚があるのです。聖霊により新しいいのちへと導かれ、新たに信仰を生き始める子どもたちもいます。けれども率直に言えば、実際に地上に生まれなくては、霊的に生まれ変わることもできないのです。P・D・ジェイムズが『人類の子供たち』(青木久恵訳、早川書房)という風変わりな小説を書きました(訳注・小説の原題は *The Children of Men* で、「トゥモロー・ワールド」の邦題で映画化もされた)。人類が生殖能力を失ってしまった世界を描いた小説で、その世界を生きる最年少の人々は二十一歳です。保育園も学校もありません。希望もありません(いや、なくもないのでしょうが……これ以上書くとネタバレになってしまいます)。記憶に残る小説です。

交際相手と共に結婚に備える時、以下三つの論点についてよく考えましょう。いずれも本章の学びと関係しています。

論点1　意図的に子どもを持たないという選択は神の御旨《みむね》にかなうか

かないません。異なる考えを持つクリスチャンもいますが、私は、意図的に子どもを持たないという選択はほぼいつでも間違っていると考えています。子どもを持つ、持たないの選択は個人の権利だと主張する人がいることはすでに学びました。クリスチャンの論点は異なります。クリスチャンは「英国親にはならない協会」の露骨なまでに利己的な物言いはせず、子どもを授かるよりも大切なのは神への奉仕だという視点で議論を進めます。

けれども「子どもを授かる」ことと「神にお仕えする」ことを比較するのは正しいとは言えません。というのも、子どもを授かり、犠牲と祈りをもって長年にわたって育てることこそ、ほとんどの既婚者が神におささげする夫婦特有の奉仕だからです。子どもを持つよりも奉仕をするのではありません。子どもを持つことによって神に奉仕するのです。神にお仕えするために親になる重要性を決して軽んじてはいけません。多くの人にとって、（こう言ったら気に障るかもしれませんが……）とりわけ母親にとって、親としての働きは、永遠の観点からすると、この世が最も輝かしいと称賛する職業に勝って重要なのです。

私たちの価値観を神の価値観に合わせるか否かが問題となります。聖書の教えにうなずき、神の恵みへの感謝を持って、両手を広げて子どもと向き合うのか。それとも子どもから顔をそむけ、神の恵みを呪いと見なすのか。子どもが面倒な恵みと思える時ももちろんあるでしょう。子どもとはまたお金のかかる恵みでもあります。子どもは私たちを慣れ親しんだ場所から連れ出し、より大きな恵みへといざないます。子どもは眠れぬ夜とたくさんの涙を伴う恵みでもあります。けれども、どの子も恵みには変わりないことを決して忘れてはいけません。手がかかったり、聞き分けのない子どもに手こずっている親は、信仰を持ってこの子の世話をできるようにあわれんでくださいと切羽詰まって祈ることがたとえあったとしても、その子を授けてくださった神への感謝を忘れないことが大切です。

選んだわけでもない他者を否が応にも歓迎せざるを得ない点もまた、夫婦が子どもを望むべき大きな理由の一つです。夫と妻は互いを選びました。けれどもどれだけ赤ちゃんを望んでも、その子の性格や気性を選べるわけではありません。赤ん坊は、性格や未来がどうであれ、歓迎されるべき他者としてやってきます。この子を愛するようにと神が選んでくださった子どもをどう迎え入れ、育てるのかを、私たちは親になることで学ぶのです。その子を託してくださった神の愛に学び、その子を愛するようになるのです。産まれるのに唯一安全な「家庭」は誰をも拒むことのない病院だと言った人がいます。子どもという存在は私たちの自己中心的な生き方を見直すように迫り、そのようにさせる効果があります。

ですから、ライフスタイルの選択肢としての子どもを持たないという決断は、大概のクリスチャン夫婦にとって開かれている道だとは私には思えないのです。しかし、医学的な理由から、もしできるのであれば子どもを迎えたいけれども、そうするのは無責任だと考える例外的なケースももちろんあるでしょう。

論点2　もし子どもを授かれないなら?

多くの夫婦にとって、よりつらく、切迫した問題は、子どもを望みながら与えられない現実です。結婚を考えておられる読者に向けてこれを二つめの論点として挙げましょう。不妊は考えられているよりずっと多いのです。夫婦が人生のどの局面にあるかにもよりますが、多い時で七組中一組の夫婦が不妊に悩んでいると考えられます。子どものいない悲しみは独特です。「どんなふうに泣けばいいかもわからず、愛する対象もない。何とも腑《ふ》に落ちない悲嘆」。子どものいある夫婦はその悲しみをそう表現しました。夫婦が不妊となった明確な日付も、悲しみが募って当然の命日も、存在しない子どもの写真も思い出もありません。

そのような夫婦に向けて聖書は何と語っているのでしょう。不妊に悩む夫婦とは異なる境遇の人々に対してはどうでしょう。子どものいない夫婦には、喪失感があって当然だと聖書は教えています。子どもを望み、神が恵みだとおっしゃるものを恵みとして認識し、祈り求めるのは当然のことです。子どもを授からないなら悲嘆があるのは当然のことです。不妊が嘆きを引き起こし、子どもを授かることで救済されるという筋書きを聖書は幾度となく描きます。例えば、不妊を嘆き悲しむハンナを見てみましょう。激しく泣き続けて、泣きやみません（Ｉサムエル一章）。子どもという恵みを授からない夫婦が嘆き悲しむのは正しいことなのです。

聖書はまた、不妊だった夫婦が特別な時に子どもを授かった出来事をも描いています。最も知られるのがイサクの両親であるアブラハムとサラ、洗礼者ヨハネを授かったザカリヤとエリサベツです。これは神がすべての信徒の祈りに応えるという意味ではありません。けれども来る世では不妊も失望もないことの兆しです。だからこそ子どものいない夫婦の悲しみは理にかなうと聖書は教えるのです。

不妊ではない人たちには「泣いている者たちとともに泣きなさい」と聖書は教えます（ローマ一二・一五）。事の繊細さから言って、不妊は思慮深い配慮をもって扱われなくてはいけない事柄です。夫婦が共に歩む人生の最も私的部分を世間に知られ、首を突っ込まれたくはないと考えるのが大方でしょう。けれども心の内を明かせる、信頼のおける友人がいて、夫婦の悲しみを共有し、心痛と疑いにもだえ苦しむ夫婦のために誠心誠意祈ってくれるなら、それは大きな助けとなります。

また神への充実した奉仕は、子どもがいる・いないに左右されない点も明記しておきたいと思います。子どものいない夫婦は深い挫折感を抱いている場合が少なくありません。どこでも子どもに目がいきます。学校、保育園、教会の託児所。教会で親のために開かれる勉強会のお知らせを聞くこともあります。牧師が自分の家族について話すこともあります。そのどれもがともすれば心臓に突き刺さる矢となり、鋭い痛みを味わいます。どうして神は私たちの祈りを拒まれるのだろう。私たちが良い人間ではないから？　私たちの結婚そのものが、霊的にも不毛だということなのか。結婚しなければ、信仰者としてより良い人生を送れたのだろうか。

どれも、子どものいない夫婦の心中を去来する問いです。けれども霊的に挫折感を覚える必要はまったくありません。心を尽くして神を愛せよと聖書は教えますが、愛に根ざした奉仕の具体的な方法は、実に多種多様なのです。結婚においてもそれは同じです。養子を迎える夫婦もいれば、里子を迎える夫婦もいます。ほかにも多くの手立てを用いて、神にお仕えすることができます。

神を尊ぶ、子どものいない夫婦に神はこう約束します。

「わたしの家、わたしの城壁の内で、息子、娘にもまさる記念の名を与え、絶えることのない永遠の名を与える」（イザヤ五六・五）

イザヤ五六・五には胸を打つ約束が記されています。自分で生むという方法によっては子どもを持つことのできない夫婦が神の前に誠実な信仰者であるならば、「息子、娘にもまさる記念の名を与え、絶えることのない永遠の名を与える」という約束です。実りを結ぶ、存在感のある信仰者として、その名を刻まれるのです。親となった夫婦よりも深い霊性に満ちた人生を歩んでいる、子どものいない夫婦は大勢います。それは彼らの惜しみのなさ、愛に根ざすもてなし、祈りと犠牲を伴う信仰者としての奉仕を通してのものかもしれません。多くの実を結ぶ働きに共に与るために、不妊の夫婦にもまた、すべての可能性が開かれています。

論点3　避妊は許されるか

三つめの論点として避妊について短く説明しましょう。カトリック教会が避妊を禁じていることは広く知られています。けれどもその理由が聖書ではなく、哲学に根ざしていることはあまり知られていません。一回一回の性交は常に妊娠の可能性に開かれて然るべきだとカトリック教会は主張します。

聖書はこのように教えていません。子どもは神の恵みであり、神から賜る贈り物だと述べるに留まります。セックスは結婚において、ほかのことから切り離された性的な「行為」としてあるのではありません。そうではなく、セックスは喜びに満ちた結婚の中心なのです。全人生にわたる交わりと共通の奉仕、共に愛に生きる結婚の核です。

大切なのは、夫婦はまず、子どもという恵みを祈り求め、歓迎すべきだということです。けれどもいつ、そして何人の子どもという点は、信仰者の裁量に任されています。どの夫婦も、神の前にある信仰者として何の束縛も受けずに決定するのです。周りがどうこう言うべき事柄ではありません。避妊に関しては、共に歩む人生の一要素として理解することが大切です。避妊はその本質において、子どもという恵みから「背を向ける」のではなく「向かう」行為なのです（聖書の教えを離れれば、「背を向ける」ための避妊が頻繁に行われます）。

以上を踏まえたうえで、初期段階における中絶と捉えられる避妊方法があることにも注意しましょう。例えば子宮内避妊器具（ＩＵＤ）の使用を考えているなら、その仕組みについて本を読んでみるといいでしょう。慎重な助言を得、倫理にかなう避妊方法を取ることがクリスチャンにとって大切です。

まとめ

もしあなたが結婚を考えているなら、子どもを授かることは、神が定められる結婚の本質的部分をなすことを頭に入れておくことが大切です。子どもは呪いである、授かりたくないと思うなら結婚しないでください。結婚に備えるなら、あなたと婚約者が子どもについてどう考えているか、しっかり話し合うことが大切です。また、話し合うだけではなく、神の視点に標準を合わせることが大切です。それぞれが抱いている恐れや過去の過ち、不安や心配事をも分かち合ってみましょう。そういった話し合いを通して、神が御心にかなう時に子どもを授け、育てる恵みを与えてくださるようにと共に祈ることが、神の前に結婚生活を差し出すことになるからです。子どもという恵みに与れない可能性についても話し合ってみましょう。どの贈り物も当然のものとして受け取ってはいけません。二年以内に子どもを持つと、妻と「決めた」ときっぱり、自信たっぷりに言ったクリスチャンがいました（謙遜に「予定し、期待している」とは言いませんでした）。けれども決めるのは人間ではありません。お決めになるのはただ神お一人だけです。

子どもを授かり、育てることは、夫婦が神にお仕えするとても大切な方法の一つだと本章で学びました。次章では結婚関係そのものが、どう神への奉仕となるのか学びましょう。

学びとディスカッションのための設問

1　創世記一・二八に記される恵みについて考えましょう。神がこの恵みを与えてくださる目的は何でしょうか。

2　あなたは子どもという存在をどのように捉えていますか。もしあなたが結婚に備えているなら、以下の問いについてぜひ考えてみてください。

a　子どもに対する社会の姿勢は、聖書の姿勢とどう違いますか。

b　子どもに対するあなた自身の態度を吟味してみましょう。子どもを持つと考えると、どんなことに不安を覚え、心配になりますか。その恐れを祈りの中で神にお伝えし、おゆだねしましょう。

c　どうして子どもが欲しいのですか。その理由を神が子どもを望まれる理由と比べてみましょう。違いは何ですか。あなたが子どもを望む理由が、神のお望みになる理由と一致するよう祈りましょう。

3　聖書は、神が創造なさった世界であなたが神にお仕えすることと子育てを、どう関連づけていますか。

4　どうして子どもを持つことが今日でも大切なのでしょう。そうではなくてクリスチャンが増えればいいのではないでしょうか。

5　親はどんな人であることを目指しますか。

6　創造主である神について子どもに教えましょう。

a　イエスの福音を子どもに教えることが、どうして大切なのでしょう。

b　子どもの成長に合わせ、どのように、そしていつ教えればいいでしょうか。

c　あなたの知る親たちについて考えてみましょう。彼らの親としてのどんな働きを良い実例として挙げられますか。

d　具体的にはどのようにして、子どもに良い信仰教育ができますか？

7　子どもの教育について、この章の教えはあなたにどのような影響を与えるでしょう。

8　子どもたちのことを考えて、個人的な、もしくは職業上の犠牲を払った、模範となるような親に出会ったことはありますか。

9　意図的に子どもを持たないという選択は、一般的にどうして間違っているのですか。

10　もし不妊とわかったら、そのことをあなたはどう受け止めますか。知人が不妊だった場合はどうでしょう。

11　もしあなたが結婚に備えているなら、どのような心構えで避妊に取り組みますか。

第四章

Married for God

セックスと愛情

メリッサとキースは結婚して十五年。愛らしい三人の子どもがいます。どちらも地元の教会で多岐にわたり活躍しています。模範的なクリスチャン夫婦に見えます。メリッサは有能で魅力的、活力にあふれています。キースは溌剌《はつらつ》として健康的です。教会ユース・グループの明るく、人気あるリーダーでもあります。

けれども二人の性生活が今や風前の灯であることを、誰一人として知りません。キースは今でもセックスがしたくてたまらないようです。けれどもメリッサにその気がないのが問題です。だってもう子どもを授かったんだから。

メリッサは育児に忙しく、疲れています。正直に言えばこのところ、セックスに何の意味も見出せないのです。キースを拒むことはしません。セックスには同意します。けれどもありがたくもない義務だと、あからさまに、あらゆる方法でキースに伝えることも忘れません。

ですからキースは諦めてしまいました。ユース・グループの活動にさらに専念し、仕事でも多忙を極めることで、寂しさをまぎらわせています。

けれども出張に出れば、インターネットのポルノサイトで慰めを得たいという欲求に抗うのがいよいよ難しくなってきました。自分でも驚くことに、ホテルの部屋で見つけた売春斡旋《あっせん》の広告を本気で調べようかと思ってしまうのです。

二人とも、それぞれ違う意味で自問します。「結婚においてセックスをし続ける意味は何だろう」と。

＊＊＊

二章では、神にお仕えするために、神への愛に基づいて結婚のすべてをおささげすることについて学びました。また、聖書が教える結婚の意義は三つあり、そのうち二つは建設的で、一つは消極的なものであることも押さえました。消極的な意味合いを持つ目的とは性的混乱の回避です。詳しくは六章で学びましょう。建設的目的は子どもを持つことと、夫婦関係そのもののことです。

神が創造なさった世界を愛し、管理するという目的のどこに子どもが当てはまるのかを理解するのは、さほど難しくないでしょう。そのことについては三章で学びました。

では、夫婦関係そのものはどうでしょう。セックスの親密さ、そして歓喜の中で最も明瞭に表される、互いへの愛はどうなのでしょう。神が創造なさった世界で、そのことがどのように、より大きな目的へとつながっているのでしょうか。

セックスは神のためというより、夫婦互いの利益のためにあるのではないでしょうか。子どもを授かることにつながるのなら、「神に仕える中でのセックス」の意味は分かります。けれども子どもを授かること以外に、セックスと愛情にどんな意味があるのか分からないとおっしゃる方もおられるかもしれません。

けれども妊娠につながるセックスのみが神への奉仕だとするならば、ほとんどのセックスは奉仕と呼べません。そのような考え方では、アウグスティヌスのような中世の教父らが抱いていた、懐疑的で否定的なセックス観に逆戻りしてしまいます。彼らは、子どもを授かるためのセックスをしぶしぶ認めたものの、その目的を外れれば、セックスは本質的に罪だと考えていました。

聖書はセックスに対する否定的な姿勢に賛同していません。セックスの魅力、美しさ、欲求、そして歓喜を認め、この世界の自然な、ありのままの一部として受け入れています。詩篇四五・一一は王妃の美しさを慕う王を描きますが、その愛慕は理にかなっていて、自然であり、歓喜の源として肯定されています。

聖書は実に、神ご自身がこの王のように感じておられると記します。妻との親密で喜びに満ちた関係に情熱的に焦がれる夫として神を描いているのです。「花婿が花嫁を喜ぶように、あなたの神はあなたを喜ぶ」とイザヤ書六二・五にあります。これは聖書が結婚におけるセックスを、積極的に肯定しているからこそ可能な大胆な比喩なのです。

結婚式は花婿と花嫁が喜びと祝いの声を上げる時です（エレミヤ書七・三四など）。最高のワインもふるまわれるはずです（ヨハネ二・一～一一）。賢人は愛する妻との生活を楽しみます（伝道者の書九・九）。イサクは夫にのみ許された、まことに当を得たしかたでリベカと戯れます（創世記二六・八）。

ヤコブはラケルを七年待ち続けますが、彼女を愛するがゆえに、その七年さえ一瞬と思えます（創世記二九・二〇）。

箴言は結婚して間もない夫が、若い妻と恥じらいもせず楽しみ、寝ても覚めても彼女の乳房に満ち足りる姿を記します（箴言五・一八～一九）。

そして雅歌は羞恥心とは無縁の、性愛の喜びに満ちています。

神への奉仕という観点から考えるとき、結婚におけるセックスの一体何が、単に快いのみならず「善い」こととされるのでしょうか。

セックスはもちろん楽しく、あなたを満足させる経験となり得るでしょう。しかし一体セックスの目的とは何なのでしょうか。本章の冒頭で紹介したメリッサとキースがセックスにおける愛情と喜びをよみがえらせるために早急に対策を講じるべきなのはなぜでしょうか。

良好な結婚関係を築くには、セックスをふさわしい場所に位置づけることが大切です。重視しすぎるのでもなく、軽視するのでもありません。順に学んでいきましょう。

セックスを過大評価するなかれ

まず現代には、どの時代にも共通するように、セックスを神・女神として祭り上げようとけしかける声があることを意識する必要があります。おおよそこの百年くらいの間に、セックスと結婚を巡る考えの焦点は子どもを授かることから、関係そのものに徐々に移行してきました。さらに、子どもからだけではなく、家族・親戚からも離れたのです。「核家族」が注目され、より広い社会に帰属しているという視点が軽視されています。

ある著名な社会学者の影響により、彼が「純粋な関係性」と呼ぶ考え方が社会に浸透しました。これは聖書が教える純潔を指しているのではなく、家族、親戚、社会との関係と責任に縛られない一対一の関係を意味しています。

こういった「純粋な」関係は、双方の「パートナー」がそれを続けるに値すると考える期間のみ持続します。セックスは私的事柄と捉えられるため、ライフスタイルの選択の問題となります。つまり、私たちが考えるべきことは、「あなた」と「わたし」についてのみだと、その社会学者はほのめかしているのです。

もしこの考えを信じるなら、関係とは「あなた」と「わたし」、そして自己満足のみを指すことになります。これこそ「自らに仕えるセックス」です。神が創造なさった世界で愛をもって神にお仕えするのとは雲泥の差です。

さらに、「自らに仕えるセックス」という観点に立つならば、私たちはすぐにもセックスこそ救世主だと考え始めるでしょう。結局のところ、セックスを通して交わされる愛情によって、満足と真の人間性を実現することが願いなのですから。

「性的満足を通して自己を実現し、本来あるべき自分になる。セックスを通して自分を知る」。これが映画「タイタニック」のおおよそのまとめと言えるでしょう。この映画の中で、年老いたローズは過ぎ去りし日々を思い、ジャックが恋人となった時、彼は「彼女を救った」と断言します。

古代カナン人の時代からずっと、セックスを救世主として捉え、宗教としてあがめる行為は広く受け入れられてきました。キリスト教の神学者（らしき）ある人は、性交は神とのコミュニケーションだとさえ主張しました。これはセックスを神・女神として崇める行為です。けれども、セックスは神ではありませんし、そういった態度は偶像崇拝であると聖書は教えています。私たちがこういったセックスに失望し、やがて幻滅するのも不思議ではありません。

翻って他方では、セックスを軽視する場合もあり得ます。この点についてはさらにじっくり学びたいと思います。結婚におけるセックスは大切なものだからです。この大切さを指摘する聖書箇所を読んでみましょう。さらに、結婚を通してこの世で神にお仕えする二つの方法を聖書が指摘・提案しているので、その二つについても考えてみましょう。

セックスを軽視するなかれ

「さて、『男が女に触れないのは良いことだ』と、あなたがたが書いてきたことについてですが、淫らな行いを避けるため、男はそれぞれ自分の妻を持ち、女もそれぞれ自分の夫を持ちなさい。夫は自分の妻に対して義務を果たし、同じように妻も自分の夫に対して義務を果たしなさい。妻は自分のからだについて権利を持ってはおらず、それは夫のものです。同じように、夫も自分のからだについて権利を持ってはおらず、それは妻のものです。互いに相手を拒んではいけませ

のからだについて権利を持ってはおらず、それは妻のものです。互いに相手を拒んではいけません。ただし、祈りに専心するために合意の上でしばらく離れていて、再び一緒になるというのならかまいません。これは、あなたがたの自制力の無さに乗じて、サタンがあなたがたを誘惑しないようにするためです。以上は譲歩として言っているのであって、命令ではありません」（Ⅰコリント七・一～六）

Ⅰコリント七章の冒頭で、パウロはコリントの信徒から送られてきた質問に答え、諭します。コリント教会のある人が「男が女に触れないのは良いことだ」（一節）と言っていました（新国際版聖書［NIV: New International Version］が記す「結婚しない」は誤訳です。ここで使われているのは文字どおり「触れる」ということばで、こういった文脈では常に性的な親密さを示します）。これは誰かの発言の引用だと推測されます。というのもパウロがすぐさま反論しているからです。こう主張していたのは、セックスは汚れたもので、世俗的だから避けるようにと夫婦に勧めていた、霊的に誤った人々と見てよいでしょう。

現代社会と同様、コリントには性的不道徳が満ちていました。だからこそパウロは二節で、もしできるのであれば結婚し、セックスをしたほうがよほど良いと語るのです。

妻と夫は、互いに対して平等の「夫婦の権利」を持っています。つまり、妻はセックスにおいて夫の体に対して権利があり、夫は妻の体に対して権利があるということです。相手のセックス

お詫びと訂正

本文に間違いがありました。

お詫びして訂正いたします。

p.88 の 1 行目
「のからだについて…いけませ」

を削除し、同p.88 最終行の後に、

「の欲求を満たすため、互いに義務を負っているというのです。」

を挿入する。

ところで「夫婦の権利」などということばには尻込みしてしまいます。何とも冷淡な響きです。興奮に満ち、自由でのびのびしたセックスの喜びや楽しさを、どうして権利の問題などにしてしまえるのでしょう。

けれども、日々の生活の中には、セックスの継続を促す要因もあれば、枯渇させ、やがては死に絶えさせる要因があることも事実です。自分にはいかんともしがたい要因もあるでしょう。例えば病気や貧しい生活環境です。けれども問題の多くは対処可能です。

例えば意図的に忙しい環境を作って自分を疲れさせれば、セックスへの関心は薄れるでしょう。ポルノは、セックスするうえで責任ある相手から、性欲を逸らさせます。結婚におけるセックスを充実させる生活の規律とリズムを大切に守らなくてはいけません。

もしあなたが結婚を控えているなら、まさに結婚式を挙げたその日に、自分の体に対する権利を妻・夫に明け渡すのだと意識することが大切でしょう（四節）。ですから相手を信頼しているかどうかを、しっかり確かめなくてはいけないのです。

結婚においてセックスが枯渇してしまうことを、パウロは非常に憂慮しています。だからこそ相手を拒んではいけないと五節で諭すのです。パウロが不本意ながら認める唯一の例外は、特別に祈りに専念するため、（どちらかへの強制をまったく含まない）双方の同意のもと、短期間セックスを「断つ」場合のみです。しかしこの場合でさえ長期にわたってはいけません。

これはパウロの命令ではなく、譲歩として差し出されています（六節）。この六節の「譲歩」

が結婚の許可についてだと往々にして考えられていますが、それでは二節が意味をなしません。むしろこの「譲歩」は一時的にセックスを「断つ」ことを夫婦に認めるものです。パウロは結婚におけるセックスを支持しているので、短期間にのみ限って中断することをしぶしぶ認めているのです。夫婦の互いに対する権利という範疇《はんちゅう》においてのみ、性的関係を生き生きと保ち続けなさい、というのがパウロの命令です。

五節で「一緒になる」と訳されていることば（devote）は、時間、エネルギー、注意を相手に注ぐという意味です。もしセックスを中断することで時間、エネルギー、注意を祈りに「注ぐ（devote）」のであれば、再度セックスを始めるにあたっては、セックスに時間、エネルギー、注意を注ぐ必要があるという意味が込められています。これは自明の理だと思いますが、顧みられないこともしばしばです。

クリスチャンは結婚外のセックスが蔓延《まんえん》していることに気を取られがちです。けれどもせめてそれと同じくらいの注意を、結婚内におけるセックスの慢性的停滞に向けるべきでしょう。

結婚する前、聖書が結婚以外でのセックスに反対していると私は知っていました。聖書が示す赤信号を痛いほど意識していて、そんなものがなければいいのにと思ったものです。真っ赤に輝くスポーツカーに乗って、信号待ちをしている気分だったのでしょう。信号が青に変われば、狂おしいほどの性欲をもって夕陽に突っ込み、永遠に疾走し続ける自分を想像していました。どんなに盛んな性欲でも、燃料補給が必要であることを失念していたのです。

聖書が結婚以外でのセックスを禁じているだけではなく、結婚におけるセックスを推奨していることをも覚えておくことが大切です。

ほとんどとは言わないまでも、多くの夫婦が結婚生活のある段階でセックスの問題に直面します。結婚当初は特にそうでしょう。もしあなたが今そのように悩んでいるなら、どうぞがっかりしすぎないでください！　この本はそんなあなたのためにあります。

セックスの楽園など簡単に手に入るとメディアは言います。ばからしいほど非現実的です。結婚におけるセックスには時間がかかります。それが現実なのです。そっと慎重に、忍耐強く、築き上げていく必要があります。

助けを必要とすることもあるでしょう。それを恥ずかしがる必要などまったくもってありません。セックスの問題が悪化するより、思慮ある先輩のクリスチャン夫婦や医師に相談するほうがよほど建設的です。

この結婚の中心にある性的な親密さを育むには、愛を持って取り組むことが大切です。二人だけでいつまでもくつろぐことは、自分たちがしたいことをしているだけなのでわがままのように思えると、新婚カップルに言われるときがあります。けれどもそれはわがままではありません。なぜなら健全な親密さと喜びを結婚の中心に基盤として置くことで、結婚が長続きし、そういった結婚から、将来にわたって、多くの人の恵みへとつながる愛があふれ出すからです。

結婚生活よりも多くの人に仕えることを優先し、夫婦関係を枯渇させるのが無私無欲だと思われるかもしれません。けれども長い目で見れば、実際には利己的です。夫婦関係がきしんだり、破綻したりした結果は、周りにも影響を及ぼすからです。

ですからもしあなたが忙しくしているなら、できる限り、充実した、心休まる時間を相手と共に過ごせるよう計画を立てましょう。一年めは特にそういった時間をたっぷり取るべきです。神の恵みによって結婚の基礎を築いたあともなお、そんな時間を二人で大切にしましょう。結婚の中心にある火を消してはなりません。まさにその愛の温かさこそが、他者に向かってあふれ出すのです。

以上を踏まえたうえで、結婚における性的な関係は時と共に変化していくことにも留意しましょう。産後は体をいたわることに特別の注意が必要です。忍耐も必要です。たとえ病気や身体的、もしくは心理的問題がなかったとしても（どれもよくあることですが）、幸せな結婚生活を送る八十代夫婦の喜びの表現は、二十代夫婦のそれとは異なります。最も生命力あふれる「欲望（性欲）さえ衰える」時がきます（伝道者の書一二・五／訳注・新改訳聖書二〇一七で「嘆く者たちが通りを歩き回る」と訳されている当該箇所は、ＮＩＶ訳聖書では desire is no longer stirred と訳されている）。血気盛んな性欲に満ちていたダビデ王にもそのような時が訪れました。美しい娘と床を共にしても何も起きなかったのです（I列王記一・一～四）。しかしながら、互いに対する愛情と喜びは、身体的欲望が衰えてなお、幸福感と満足感を伴って持続します。

どの時代にあっても結婚の原則は同じです。互いの体に対して責任を負っていること、持ち得る限りの愛情と共感を与え合うことです。そうすることが双方にとって喜び以外の何物でもない時があります。しかしどちらかにとって、そうすることに犠牲が伴う時も訪れるでしょう。理由が何であれ、セックスをほとんど、もしくはまったくしたくないと思う時もあるでしょう。
そんな時には、結婚式を挙げた日に、生涯にわたって相手に身をささげると誓ったことを思い起こしましょう。結婚生活を送る中で、そのような気持ちになれる時と場所を確保しましょう。愛の中でその思いを育て、豊かに実らせるのです。

関係の中心にあるセックス――愛があふれ出す

しかしⅠコリント七・一～六は、結婚関係そのものがどのように神への奉仕につながるのかを示していません。ですからそのことについて触れているほかの二つの箇所を学びましょう。セックスが育む愛情と歓喜が結婚関係の中心にあること、そしてその安定した安全な場所から、他者に仕える愛があふれ出すという原則が書かれています。

花嫁なるイスラエルへの神の愛は、世界への祝福の中であふれ出す

最初に示されているのは、夫としての神の妻・イスラエルに対する愛です。（ホセア書一・二、イザヤ書五四・五など)。これを「神の結婚」と呼びましょう。

神はご自分の民を情熱的に愛します。ですから民にも同じ忠実さ・ひたむきさをもってご自分を愛するようにと呼びかけます。神の愛は強烈で、情熱的です。この情熱はいかなる人間の結婚にも勝ります。男女間の最高で、最も深い情熱でさえ、ご自身の民に対する神の情熱的かつ献身的な愛情をうっすらとなぞっているにすぎません。

神の結婚は苦悩に満ちています。イスラエルの霊的不信仰によって何度も、何度も破綻します。しかしそうでありながら、この情熱に満ちた愛の関係には外に開かれた視点があることに注意しましょう。そもそもの初めから、この強烈な神の愛は、外にあふれ出し、世界の祝福へとつながることが意図されていたのです。この契約に基づく愛によって、「地のすべての部族は……祝福される」のです(創世記一二・一~三)。

「神の園」を共に慈しみ、大切に守るためにアダムがエバと結婚したように、神もまた共に正しく、秩序を持って世界を治めようと、イスラエルと「結婚」なさいます。

イスラエルは大地に根づき、地の隅々にまで広がる、実り多きぶどうの木となるはずだったのです(詩篇八〇・八~一一)。これが夫婦の寝室という境界をはるかに超える、恵みにあふれる結婚のイメージです。

もしこれが「神の結婚」の目的だったなら、私たちは結婚における神への奉仕について、どれだけ真剣に、深く模索すべきでしょう。神は、ご自身との「結婚」を反映する結婚をこそ、私たちに望んでおられます。結婚には仲睦《むつ》まじさを育む情熱的な心が必要です。そこから他者への恵みがあふれ出します。これこそが結婚関係そのものの目的です。

雅歌が描く結婚

結婚が育む愛情が結婚そのものを超え、より広い意味で用いられることを描いている二つめの例は雅歌です。雅歌は性的欲求と歓喜を描いているに過ぎないと多くの人が考えているので少し驚かれるかもしれません。雅歌は二つの側面を同時に踏まえつつ、読まなくてはいけません。

まず一つの側面として、雅歌がラブソングのコレクションである点が挙げられます。愛し合う男女の緊張と歓喜を美しく、また真っすぐに表現し、性的結びつきがその頂点として描かれます（雅歌五・一）。

もう一つの側面ですが、雅歌も聖書の一巻ですから、ご自分の民の夫である主なる神、聖書の神のラブソング、そしてその愛に応える民の返歌として読むのが自然で、正しい読み方です。

どちらの側面も真実です。神はご自分の民を、夫が妻を熱烈に、激しく愛するように愛します。神の民もまた同じように神を愛します。エロティックな、恥じらいのない愛は、神とその民の間にある素晴らしく、深遠な愛をわずかながらにも反映するものだからこそ結婚に重要であり、かつ、驚嘆すべきものなのです。

では、雅歌はセックスに対する人間の歓喜が、どんなかたちであれ、神への奉仕として用いられると教えているでしょうか。この点について考えてみましょう。

教えていないと多くの人が考えています。「神は単に、夫婦に素晴らしい時間を過ごしてほしいのだ。なぜなら歓喜とは良いものだから。雅歌はそう教えている。それだけだ。雅歌は幸福感に満ちた内省的な記述だ。だから私たちも結婚においてそうありたいと願うのだ」と主張する人がいます。「結婚していることで重要な点は、お互いの存在を喜ぶことだ。神にお仕えするなんて難しいことは忘れてしまおう。再び互いの目を見つめ合おうじゃないか。ずっとそうしたかったんだから。『神の国』なんて忘れて寝室にこもるんだ」と言う人もいます。

しかし雅歌には、セックスが神への奉仕として用いられることを示す二つの重要な記述があります。どちらの点を理解するにも詩の鑑賞力と詩的イメージの理解が必要です。

最初の記述は春に咲く花と、秋に実る果物をテーマにしています。多くのラブソングが「春がやって来た」と歌います。例えば花嫁のこんな詩があります。


「わが愛する者、私の美しいひとよ。さあ立って、出ておいで。ご覧、冬は去り……」（雅歌二・一〇～一二）

「……ぶどう畑に行き……ぶどうの木が花を咲かせたか、ざくろの花が咲いたかどうかを見ましょう」（雅歌七・一二）

春の愛は美、香り、喜びの中にあります。世界は可能性と希望に満ちています。けれども一体何に対する希望でしょう。庭園の描写を用いて言えば、それは秋に対する希望です。聖書の中で語られる庭園を埋めるのは、美しい花を咲かせる花壇だけだと思いがちです。

しかし春の花が期待を持って咲くのは果樹園であり、野菜畑です。そこには、秋になれば果実や野菜が実ります。「雅歌の詩は春の喜びを描いているが、果実が実ることへの期待には言及していない。言い換えればこのカップルのセックスの喜びは、家庭を築きたいという希望とは無縁だ」という解釈は、興味深くも、現代的な読み方です。

ですからあるリベラルな著作家は雅歌についてこう言います。「恋人たちの互いに対する強烈な喜びは、明らかにそれ自体が目的であり、子どもを授かるとか、神を喜ばせるなどの、さらなる理由づけを必要としていない」。

なんと間違った見解でしょう。なんとも浅はかな鑑賞力です。実りの秋への期待が高まるからこそ、彼らは春の愛に酔いしれているのです。果実や野菜の実りは聖書が与える素晴らしいイメージです。これは子どもを授かることへの希望だけでなく、しかるべく整備され、耕された世界というさらに深遠なイメージでもあります。雅歌の恋人たちは愛に酔いしれながらも、二人の愛がやがてあふれ出し、愛情と優しさに餓える世界のために用いられることをしっかり理解しています。

もし伴侶となりそうな人と「恋に落ちた」ら、こう自問することができます。「なぜ神は私にこのような感情を与えたのだろう」。どうして恋をすると、春を謳歌する鳥のような気持ちになるのでしょうか。なぜなら、互いの存在を心から喜ぶカップルとして、信仰に根ざした新たな社会ユニットを生み出せるからです。そして信仰に根ざす愛に満ちた心から、他者への惜しみない愛があふれ出します。

雅歌は、春に咲く花がやがて秋の実りをもたらすというテーマを通して、結婚は社会に目を向けるものだということを伝えています。これが雅歌の示す一つめのメッセージです。

二つめのメッセージの焦点は、花婿であり恋人である男性に当てられています。この人物は王なる人物として描かれます。ソロモン王のようなイメージです。歴史上のソロモン王を指しているのか、それとも詩の中の登場人物に過ぎないのかは問題ではありません。

彼は単に端正な顔立ちをした若者というだけではなく、王位にある者なのです。この点に注意しましょう。例えば雅歌三・六〜一一では、彼はイスラエルの屈強な勇士らを従え、登場します。事実なのか、比喩なのかは分かりませんが、この若者はある女性の恋人としてのみならず、イスラエルの王として描かれています。

いつでも恋人の目をうっとり見つめていられるような立場にはありません。一国を治める王として、多くの仕事があります。そしてきっと恋人にも彼へのサポートが期待されています。詩篇四五篇に登場する王妃のようにです。支え合う相手がいることへの大きな喜びが、他者への奉仕、他者への祝福につながっていくのです。

春から秋を巡るテーマと、王のテーマ。雅歌はこの二つのテーマを通して、性の喜びが実を結び、それが困窮する世界に活気を与えること、そして王の支配が傷ついた世界に正義をもたらすことを伝えています。

自分の結婚をこのように考えるなんてちょっと壮大すぎる、詩的すぎると思われるかもしれません。しかしぜひ想像してみてください。肉体的な親密さの喜びを通して育まれるお互いへの忠実な愛が、外に向かってあふれ出し、悲惨な世界に愛と誠実をもたらすのです。互いを助け合う夫婦の愛が、安定した安心感の中心に据えられることを考えてみましょう。

こうした安心できる家庭こそが、他者を迎え入れる避難場所となり得るのです。結婚におけるあなたたち二人のプライベートな仲睦まじさが、どうやったら他者への愛としてあふれ出すのか、具体的に考えてみましょう。

信仰に根ざした愛が結婚の中心にあって初めて、その愛は他者に向かってあふれ出します。これが原則です。良い木が良い実を結ぶのです。結婚が他者のために生かされ、用いられるか否かは、その結婚の内に温かい、親しさに満ちた愛が秘められているかどうかにかかっています。

セックスのテクニックに長けているか否かということではありません。そうでなければ雑誌が紹介する、スポーツ競技かと思えるほどあり得ない体位に取り組み、成功する夫婦しか神にお仕えできないことになります！　これは現実とはかけ離れています（正直なところ、このことに多くの人がほっとするでしょう)。セックスで「成功」することに無我夢中の夫婦、もしくはセックスを瞬時にして偶像化する夫婦もいますが、そのようなセックスではなく、「お互いを」愛する夫婦こそが、苦しみあえぐ世界に癒やしをもたらす愛を生み出すのです。

結論——適切な位置にセックスを据える

セックスを結婚の適切な位置に据えましょう。これが本章のまとめです。一方では、これで結婚がすべて丸く収まるとは言えません。セックスは神や女神ではないのですから私たちを救いませんし、アイデンティティーも達成感も与えません。

他方ではセックスはとても大切で、セックスによる結びつきは信仰に根ざす愛情関係の中心で育まれなくてはいけないとも言えます。セックスを包むのは友情と交わりです。そしてここから、他者をもてなす心があふれ出します。他者を迎え入れる家、友を愛して仕える、そして必ずしも愛しやすいとは言えない人をも愛する家庭です。

だからこそセックスに真剣に取り組みます。しかしそれ自体を目的とはしません。結婚において互いへの個人的な愛情を育みます。そういった愛情が灯す火の温かさをもって、他者に温もりを与えます。

セックスを最重要視もしませんし、軽視もしません。それが結婚のしかるべき位置に置かれたとき、セックスは生き生きと輝きます。セックスは本来そのようなものとして創造されたのです。これが神に仕える中でのセックスです。

学びとディスカッションのための設問

1　Iコリント七・一〜六、雅歌四・一〜五・一を読みましょう。
聖書は結婚におけるセックスをどのように捉えていますか。

2　セックスに対する現代の姿勢を考えてみましょう。
a　現代社会はどのようにして、セックスの偶像化を促していますか。
b　そのように促す映画、雑誌、本の例を挙げてみましょう。
c　このような姿勢はどんな結末を生みますか。

3　夫婦の性的な関係について考えてみましょう。
a　夫婦はどうして性的関係を温かく、生き生きと保たなくてはいけないのですか。
b　そのような状態に保てない、もしくは保つのを難しくするものは何ですか。
c　セックスにおいて問題が生じた場合、どこに助けを求めますか。

4　創世記二・二三を読んでみましょう。アダムがエバとの出会いに歓喜しているのは明らかです。

a　あなたの結婚には今でも喜びがありますか。

b　もし結婚の喜びに陰りがあるとすれば、どうやってその喜びを呼び覚ますことができるでしょう。セックスに再度命を吹き込むために、どんな段階を踏むことができますか。

5　コミュニケーションがこじれると、セックスは生き生きと輝きません。

a　伴侶に愛情をしっかり伝えていますか。

b　相手が示してくれる愛情に素直に耳を傾けられますか（もしできないなら、どうしてでしょう。何が障壁となっていますか）。

c　相手を押しのけてしまうことがありますか（例・会話の中で、また友人の前で相手を否定する）。どうすればパートナーを肯定し、ほめられるようになるでしょう。

d　伴侶と自然に喜怒哀楽を共有できますか。

e　相手の話を聞くのは得意ですか。箴言一八・一三（「よく聞かないで返事をする者は、愚かであり、恥を見る」）を思い起こしましょう。

f　夫婦の間で話すのが最も難しい分野は何ですか。

g　どうしたらより良いコミュニケーションが取れるようになるでしょう。

6　友情は健全な結婚の大切な一部です。

a　互いへの友情をどのように育んでいますか。

b　共通する趣味や、共有している活動はありますか。

c　相手との友情はこれからどのように発展していくでしょうか。

7　どういった点で、聖書が教える結婚は社会に目を向けていると言えるのでしょう。

8　雅歌に描かれる結婚は、どのような視点で社会を見ていますか。

9　あなたの愛がどうやって他者へとあふれ出すのか考えてみましょう。

a　夫婦関係を守り、育むことが、他者にどんな恩恵をもたらしますか。具体的に考えてみましょう。

b　もてなしの心を具体的に表現していますか。それは誰にですか。どうしてですか。

c　家族・親戚以外の人への愛情を示すために、どんな機会が考えられますか。

第五章

Married for God

神が教える結婚の型

「結婚はちょっとした戦争のようだ」

子どもの頃、リディアはずっとそう思っていました。

父親は傲慢で、意地悪な人でした。母への口調は冷たく、横暴でした。父は恐怖で家庭を支配していました。

何か問題があっても、決して父の責任ということにはなりません。もし妻に何の落ち度も見つけられないときは、子どものせいだと決めつけます。母はおびえきって見るも哀れな、影の薄い存在へと貶《おとし》められました。決して母のようにはなるまいと、リディアは固く決心しました。

叔父・叔母夫妻の家を訪ねれば、事情はまったく違いました。バリバリと仕事をこなす叔母は強い女性で、家を支配しているのは叔母のようでした。決断はすべて自分一人で下し、叔父には単なる事後報告のみです。

リディアは叔母の生き方に憧れました。けれども叔父がかわいそうな気もしました。軽蔑するときもありました。なんと消極的で、抑圧された人だろうと思ったものです。

ですからクリスチャンになり、トニーと結婚するために出席した結婚準備会でリディアは困惑しました。「指導的立場」だの「服従」だの、ちんぷんかんぷんな話ばかりでした。聖書に書かれていることは分かります。けれどもその教えを実生活に当てはめることができません。彼女が育った環境に照らし合わせると、聖書の教えは別の惑星のものかと思えるほど分からないものでした。

けれどもリディアは学びたかったのです。両親も叔父・叔母夫婦も結婚のお手本にはならないと分かっていました。お手本を示すような実際的かつ美しさに満ちた何かを切望していたのです。ですから聖書が教える「指導的立場」とか「服従」とは一体どういう意味なのだろうと困惑したのです。

＊＊＊

結婚には三つの目的があると二章で学びました。子ども、夫婦関係、そして公的秩序の三つです。どれも神にお仕えするという目的に沿うものです。三章と四章では子どもを授かることと、結婚関係そのものという二つの建設的な目的を学びました。三つめの目的を六章で学ぶ前に、夫婦関係についてさらに詳しく学びましょう。

「私にとって不思議なことが三つある。いや、四つあって、私はそれを知らない。天にある鷲《わし》の道、岩の上にある蛇の道、海の真ん中にある船の道、おとめへの男の道」(箴言三〇・一八～一九)

箴言三〇章で語る賢人は世界を見渡し、感嘆します。彼は困難で謎に満ちた営みを三つ紹介します。しかしこの三つは要である四点めの序章にすぎません。

賢人は天を悠々と行く鷲やゴツゴツした岩の上をすーっと進む蛇、そして大しけの海を渡る船を見て驚嘆します。

しかし男性がどうやって女性と関係を結べるのか、その神秘性の前にはこれらの驚嘆も色あせてしまいます。その神秘性は賢人の知恵を凌駕するほどです。異性には非常に謎めいた何かがあることを賢人は分かっています。多くの男女がこの驚嘆と神秘を共有しています。

だからこそ私たちは、夫と妻がどのようにして相手との関係を築くかを理解するために、神のことばが与える知恵が必要なのです。これが本章の主題です。結婚とはどのようなものなのでしょうか。あるいは、夫と妻はどのように相手との関係を築くのでしょう。

聖書の答えは単純です。ポリティカル・コレクトネス（訳注・社会の特定グループのメンバーに不快感や不利益を与えないように意図された言語、政策、対策を表わすことば。中立的な表現・用語を用いることで、人種・宗教・性別などの違いによる偏見・差別を含まないことを目指す）はありませんが、非常に美しい教えです。教会がキリストに服従するように妻は夫に服従し、キリストが教会を愛するように、夫は妻を愛するようにと聖書は教えているのです。神がご自分の民と結婚されたという比喩についてはすでに何度か触れました。この比喩が本章の主題を理解するうえで鍵となります。

現代を生きる著者にとって、服従なんてことばを使うなど、自殺行為にも似ています。すぐにもこの本を閉じたいと思う読者もいらっしゃるでしょう。身構えたくなったり、脅かされているように感じたりするかもしれません。けれどもどうか読み通していただきたいと思います。服従というテーマが誤解されれば、とてつもない苦しみと痛みを引き起こします。しかし適切に理解されれば、自由と喜びが待っていると私は信じています。

そうであっても、多くのクリスチャンが服従に関する聖書の教えに警戒心を抱いています。うしろめたく思うクリスチャンも多くいます。「妻は夫に服従すべきだと聖書が教えているなんて、なんと恥ずかしい。これはある意味、女性への強制的な命令ではないのか。もっと別の書き方はなかったのか」と思うのです。

結婚における奉仕について書かれた本を読んでいた時のことです。私が属する教派とは別の教派がクリスチャンのために出版した本でした。それを読みながら気づいたのは、新約聖書において夫と妻に関する直接の言及があるのはたったの三か所だけなのに（エペソ五・二一～三三、コロサイ三・一八～一九、Ｉペテロ三・一～七）、この三か所が参考聖句として挙げられていなかったことです。

とても不思議に思いました。この三つの聖句はどれも、妻は夫に従うべきだと教えています。だから省略されたのでしょう。この本の編集者は何としても受け入れがたかったのだと思います。

この三つの聖句が読まれる時、冷笑や嘲笑が起こる教会があるかもしれません（もしそうなら、これらの聖句は信じられていないわけです）。無視できないほどの緊張が走る教会もあるでしょう（もしそうなら、今もこれらの聖句を信じる信徒がいるわけです）。だからこそ編集者は、これらの聖句を無視するのが最適だと判断したのでしょう。

いずれの反応も間違っています。身構える必要などないのです。これは見事な結婚の型です。そして男尊女卑がもたらす抑圧と、攻撃的で世俗的なフェミニズムが与える当てにならない期待、そのどちらをも形骸化するものです。

この型に細心の注意を払いましょう。これは、神が造られた世界では、男も女も共に等しく、神のかたちに創造され、神が創造なさった素晴らしい世界の管理という喜びにあふれた名誉を、同じように授けられていることを示しています（創世記一・二六〜二八）。男と女は同等でありながら、互いに異なった存在なのです。

しかしながら創世記二章が記すように、まず創造されたのは男性です（創世記二・七）。このことに不変の重要性があると新約聖書は理解します（Ｉテモテ二・一三、Ｉコリント一一・八）。だからこそ男女は平等の存在であり、補い合う関係にあると解釈するのです。男も女も互いが必要なのです。男性と女性は、砂時計の砂が行き来する二つの入れ物のように、上下が入れ替わっても誰も気づかないような存在ではありません。

身体的な違いが男女の大きな違いを表すしるしであると見るべきでしょう。私たちは性別ある体に閉じ込められた性別なき霊的存在ではなく、霊と肉からなる存在です。医療においては当然のことながら、人間を身体と精神を宿す存在として包括的に捉える視点が求められます。しかし他の分野では、身体構造とホルモンの多少の違いを除き、男女をまったく同じ存在と見なすことが期待されています。なんという皮肉でしょう。

むしろ、身体構造とホルモンの特色が、男であれ女であれその人の全体像を示すのです。だからこそ差異が深く、美しく際立つのです。

創世記三章が提示する問題はアダムとエバが神を裏切った点に留まりません。神の定めた秩序を蛇がひっくり返したことをも含んでいます。アダムは愛をもってエバを導くべきでした。エバもその導きに従うべきでした。そして共に、無法者の蛇を制するべきだったのです。

しかし蛇がエバに語りかけると、エバはアダムではなく蛇に耳を傾け、アダムは信仰によってエバを導く代わりに、彼女に耳を傾けました（創世記三・一七）。結末は涙で終わります。もしかしたら、だからこそ神は創世記三・一六で「あなたは夫を恋い慕う」と言われたのかもしれません（訳注・ＮＩＶにおける当該箇所の訳は"your desire will be for your husband"）。これは「夫を支配することをあなたは求める」とも充分訳し得ます（創世記四・七では同じ意味でこのことばが用いられています）。神はさらに「彼はあなたを支配する」と続けます。これは、「彼はそもそも『愛をもって』あなたを支配すべきだったのだ」と告げているのかもしれません。もしくは「神が決して意図しなかった抑圧的な方法であなたを支配する」という意味かもしれません。

どちらにせよ、人間が神に背いたことで、男性と女性の関係はひどく歪《ゆが》んでしまったのです。それ以来、男性も女性も互いに対して不適切なふるまいをしてきました。この歪んだ男女間の関係が、神が示される結婚の型において見事に修復されるのです。イエス・キリストの十字架の贖いに等しく与った男女は（ガラテヤ三・二八）、同等の存在として関係を築き始めます。本当は創造の初めからそうあるべきだったのです。

私たちが熟考すべき三つの聖句（エペソ五・二二～三三、コロサイ三・一八～一九、Ｉペテロ三・一～七）は、主人としもべ、親と子、市民と為政者、そして夫と妻などに、違いを超えて関係を築くように教えています（エペソ五・二一～六・九、コロサイ三・一八～四・一、Ｉペテロ二・一三～三・七を読んでみましょう）。

これらの聖句には、信仰者が社会の怒りを招き、不必要な迫害を受けないようにするための指示も含まれています。つまり、ここに挙げられている命令のいくつかは、そうすることがいつも必要だから服従するようにと言われているのではなく、彼らの文化ではそうすることが慣習であり、それに従わなかったら騒ぎになるので従えと言われているのです。これは、特に奴隷にとっては現実味のある教えでした。けれども奴隷制度が存続すべき理由など新約聖書は一つも挙げていません。

しかし、結婚となると話は別で、読んで、よく考えなければならない聖句がいくつもあります。妻は、それが当時の慣習だから夫に従えと教えられているのではありません。そうではなく、「神ご自身の理由」が二つあるからだと使徒らは教えます。一つめの理由は、三位一体の中で子なる神が父なる神に服従しているからです。Ｉコリント一一・三は「あなたがたに次のことを知ってほしいのです。すべての男のかしらはキリストであり、女のかしらは男であり、キリストのかしらは神です」と教えます。ここで教えられる服従は続く一五・二四で強調されます。世の終わりに「キリストは……王国を父である神に渡されます」とパウロは教えているのです。さらにイエスご自身も、地上での生活において「わたしが自分からは何もせず、父がわたしに教えられたとおりに」と証言しています（ヨハネ八・二八）。

二つめの理由は、人間の結婚が神と民の「結婚」をお手本にしているからです。神と民の結婚とは、キリストが教会と結婚なさったことを意味します（エペソ五・二二～三三）。この二つが「神の理由」ですから、これらがどの時代にも文化にも当てはまることを理解しなくてはいけません。これこそ神のお考えになる結婚の型なのです。

結婚の型――エペソ五・二二～三三、コロサイ三・一八～一九

「妻たちよ。主に従うように、自分の夫に従いなさい。キリストが教会のかしらであり、ご自分がそのからだの救い主であるように、夫は妻のかしらなのです。教会がキリストに従うように、妻もすべてにおいて夫に従いなさい。夫たちよ。キリストが教会を愛し、教会のためにご自分を献げられたように、あなたがたも妻を愛しなさい。キリストがそうされたのは、みことばにより、水の洗いをもって、教会をきよめて聖なるものとするためであり、ご自分で、しみや、しわや、

そのようなものが何一つない、聖なるもの、傷のないものとなった栄光の教会を、ご自分の前に立たせるためです。同様に夫たちも、自分の妻を自分のからだのように愛さなければなりません。自分の妻を愛する人は自分自身を愛しているのです。いまだかつて自分の身を憎んだ人はいません。むしろ、それを養い育てます。キリストも教会に対してそのようになさるのです。私たちはキリストのからだの部分だからです。『それゆえ、男は父と母を離れ、その妻と結ばれ、ふたりは一体となるのである。』この奥義は偉大です。私は、キリストと教会を指して言っているのです。それはそれとして、あなたがたもそれぞれ、自分の妻を自分と同じように愛しなさい。妻もまた、自分の夫を敬いなさい」（エペソ五・二二〜三三）

「妻たちよ。主にある者にふさわしく、夫に従いなさい。夫たちよ、妻を愛しなさい。妻に対して辛《つら》く当たってはいけません」（コロサイ三・一八〜一九）

エペソ人への手紙のこの引用箇所にさしかかる直前で、パウロは「キリストを恐れて、互いに従い合いなさい」（二一節）と教えています。クリスチャンはすべてのクリスチャンの間で互いに従えと教えているのではありません。パウロの教えは非対称の関係に向けられています。夫は妻に従えとは教えていませんし、親は子に、また主人は奴隷に従えとも教えていません。「服従がふさわしいと思われるすべての状況において、互いに従え。それがどういうことか具体的に説明しよう」とパウロは言っているのです。

そして、妻は主（イエス・キリスト）に従うように、夫に従え（二二～二四節）と、語り始めます。この「服従」が大きく誤解されています。多くの人が、これは「妻は萎縮した召し使いのようであれ。そこにいることは期待されるが、意見を求められてはいない。言われたことは何でもするためにせわしなく働く。家庭では最低の仕事ばかり命じられ、家庭を出て働くことは許されない」というようなことだと考えています。

しかし、キリスト教が教える服従とはこれとはまったく違うものです。服従とは控えめであれ、ということではありません。受動的であれとか、支配されろということではないのです。むしろ、クリスチャンにとっての服従とは、適切な場面で、積極的かつ自発的に従うことです。

市民として権威に服従せよ（ローマ一三・一～七）。

教会員として教会の指導者に服従せよ（ヘブル一三・一七、Ｉペテロ五・五）。

子どもは親に従え（エペソ六・一、コロサイ三・二〇。ルカ二・五一が描く主イエスの姿とも照らし合わせてみましょう）。

奴隷なら、主人に従え（テトス二・九、Ｉペテロ二・一八。エペソ六・五の「従う」をコロサイ三・二二の「従う」と比較してみましょう）。

そして妻なら、夫に服従せよ（エペソ五・二二、コロサイ三・一八、Ｉペテロ三・一）。

このように、妥当で、適切な場面において服従するようにとすべてのクリスチャンが呼びかけられています。そして他の状況においては、権威を行使するようにとほとんどのクリスチャンが呼びかけられています。例えば、妻は夫に服従し、その妻に子は服従します。夫は教会の牧師に服従し、その夫に妻は服従します。

権威を行使したからといって、人としての地位や価値が上がるわけではありません。また権威に服従することで、人の地位や価値が下がるわけでもないのです。例えば私が牧師を辞めたとしても、神の目に映る私の人としての価値が下がるわけではありません。なぜなら教会員が私に服従する代わりに、今度は私が教会員として牧師に服従するからです。服従するなんて屈辱だと考えるのはばかげています。むしろ、服従せよと神が示す人に毎日進んで、また誠実に服従せよと呼びかけられているのです。

一つとして同じ服従はありません。親に対する子の服従のしかたがあり、為政者に対する市民の服従のしかたがあります。そして夫に対する妻の服従のしかたがあるのです。しかしどの服従も自主的に、名誉あることとして行われます。と言うのも、キリストご自身がそのようにして父なる神に服従なさったのですから（Ⅰコリント一五・二四〜二八）。

クリスチャンは神への服従の表れとして、また、神は社会に秩序をもたらし、その秩序が私たちを混沌《こんとん》から守ってくれるという認識のゆえに、権威ある者に服従します。偶然にも「服従する(submit)」はその意味において「従う(obey)」によく似ています。Ⅰペテロ三・四〜五がはっきりと教えています。ペテロは、信仰に生きる女性は、アブラハムに「従った」サラに倣い、夫に「服従する」のだと諭します。夫に対する妻の服従はサラの従順をお手本にしているのです。しかし服従にも従順にも限界があります。そのことを忘れてはいけません。人に従うか神に従うか、二つの従順が衝突する場合、従うべきは常に神です（使徒四・一九～二〇など）。

服従する相手が取るのは指導的立場です。キリストはそのからだである教会のかしらです（コロサイ一・一八、二・一八～一九、エペソ一・二二～二三、四・一五～一六）。そしてまた違う意味において、キリストはこの世の支配者や権威のかしらでもあられます（コロサイ二・九～一〇）。ただし、教会は積極的に、喜んでキリストに従うのに対し、この世の反対勢力は、最終的に強制されるまでキリストに従おうとはしません。

夫に対する妻の服従は自主的に、また喜んでされなくてはいけません。強制されるものではないのです。教会が愛に根ざして神に服従するように、妻は夫に服従します。この世の反対勢力が嫌々ながらキリストに従うようにではありません。

聖書は夫に対して、妻が自分に従っているか確認せよとは語りません。確認するのは暴君的な夫だけです。パウロもペテロも「夫よ、妻が自分に従っているか確認するように」とは言っていません。

もし、夫である私が、妻が自分に従っているかどうか確かめようとしたら、妻は「大きなお世話なのよ！　あなたの召しは私に仕え、愛することでしょう。私の服従は、私を愛してくださる神への自由な応答としてあるものなのよ。服従するかどうかは私次第なの。あなたが強制することではない！」と答えるでしょう。それでいいのです。結婚における妻の服従は、喜んで、また自発的にされるものなのですから。

けれどもエペソ五・二二〜三三が伝える真に重要なことは、妻の服従ではありません。妻の服従を述べるに留まるなら、パウロの言ったことは当時何の驚きももたらさなかったでしょう。真の驚きとは夫への命令です。こちらの命令のほうがよほど長く、困難です。もし女性の素行が悪いなら、男性の素行も、少なくとも同じくらいには悪いでしょう。この引用聖句を読むと、男性には女性に比べ、三倍の矯正が必要なようです。というのも、ギリシヤ語原典でパウロは妻の服従について四十語を費やしているのに対し、夫には約三倍の百十五語を使って献身的な愛について教えているからです。

夫はどのようにふるまうことが求められているのでしょう。男性優位論者は妻に従えと教える二二〜二四節に拍手を送るかもしれません。「やっとこれで妻も俺という人間の価値に見合った方法で俺に接するだろう。俺の人生が楽になるように、かいがいしく仕えてくれるはずだ」と考えるならまったくの見当違いです。

キリストはどのように教会と接しておられますか。十字架で命まで差し出してくださったのです。これが夫に示される模範です。妻につらく当たるというのは、男性によく見られる特徴ですが、そうしてはいけない（コロサイ三・一九）だけではなく、どんな犠牲を払ってでも妻を愛せよと教えられているのです。夫に示される結婚のかたちは十字架のかたちと同じです。

郵便はがき

恐縮ですが
切手を
おはりください

164-0001

東京都中野区中野 2-1-5

いのちのことば社

出版部行

ホームページアドレス　https://www.wlpm.or.jp/

お名前	フリガナ	性別	年齢	ご職業
ご住所	〒	Tel.　　　(　　　)		
所属(教団)教会名		牧師　伝道師　役員 神学生　CS教師　信徒　求道中 その他 該当の欄を○で囲んで下さい。		

WEBで簡単「愛読者フォーム」はこちらから!
https://www.wlpm.or.jp/pub/rd
簡単な入力で書籍へのご感想を投稿いただけます。
新刊・イベント情報を受け取れる、メールマガジンのご登録もしていただけます!

いのちのことば社＊愛読者カード

本書をお買い上げいただき、ありがとうございました。
今後の出版企画の参考にさせていただきますので、
お手数ですが、ご記入の上、ご投函をお願いいたします。

書名	

お買い上げの書店名

町
市　　　　　　　　　　書店

この本を何でお知りになりましたか。

1. 広告　いのちのことば、百万人の福音、クリスチャン新聞、成長、マナ、
信徒の友、キリスト新聞、その他（　　　　　　　）
2. 書店で見て　3. 小社ホームページを見て　4. SNS（　　　　　）
5. 図書目録、パンフレットを見て　6. 人にすすめられて
7. 書評を見て（　　　　　　　）　8. プレゼントされた
9. その他（　　　　　　　）

この本についてのご感想。今後の小社出版物についてのご希望。

◆小社ホームページ、各種広告媒体などでご意見を匿名にて掲載させていただく場合がございます。

◆愛読者カードをお送り下さったことは（　ある　初めて　）
ご協力を感謝いたします。

夫が自分のやりたいことをやっても、指導的立場にある夫としての責任を果たしていることにはならないと指摘するのはC・S・ルイスです。むしろ、その指導的立場は「自分の結婚は何にも増して十字架のかたちに近い。妻はふんだんに受け取るが、与えてくれることは少ない。愛することの難しい相手である」というようなかたちで表れるとルイスは語ります。

指導者として夫に与えられている冠は、茨の冠です。本当の危険は、夫がこの冠に固執することではなく、妻にその冠をかぶらせることだとルイスは指摘します。そのとおりです。エペソ五・二二〜三三は夫にこそ挑戦を突き付けているのです。夫には美容家になるつもりの覚悟が必要です。つまり、夫が愛と奉仕をもって妻を導くことによって、その愛を通して、妻の内面の美しさにさらなる磨きがかかるようにするのです（エペソ五・二七）。

この美しい結婚の型を手放さない努力がとても大切です。服従に関する二二〜二四節の教えを放棄するならば、献身的な愛に関する二五〜三三節の教えをも放棄することになります。フェミニストはこの点を見逃しているのです。

Ⅰペテロ三・一〜七が教える結婚のかたち

「同じように、妻たちよ、自分の夫に従いなさい。たとえ、みことばに従わない夫であっても、妻の無言のふるまいによって神のものとされるためです。夫は、あなたがたの、神を恐れる純粋な生き方を目にするのです。あなたがたの飾りは、髪を編んだり金の飾りを付けたり、服を着飾ったりする外面的なものであってはいけません。むしろ、柔和で穏やかな霊という朽ちることのないものを持つ、心の中の隠れた人を飾りとしなさい。それこそ、神の御前で価値あるものです。かつて、神に望みを置いた敬虔な女の人たちも、そのように自分を飾って、夫に従ったのです。たとえば、サラはアブラハムを主と呼んで従いました。どんなことをも恐れないで善を行うなら、あなたがたはサラの子です。同じように、夫たちよ、妻が自分より弱い器であることを理解して妻とともに暮らしなさい。また、いのちの恵みをともに受け継ぐ者として尊敬しなさい」（Ｉペテロ三・一〜七）

非常に実際的な問いとして、もし夫や妻が自分の役割を放棄しても、自分は聖書が教える結婚の型に示される自分の役割を果たし続けるべきだろうか、ということがあります。

男性への答えはエペソ五章で与えられています。教会が先に愛に根ざして従ったから、キリストは教会を愛したのではありません。最初に教会を愛したのはキリストです。その愛に教会を結び、ご自分に引き寄せられたのです。同じように夫も、たとえ妻が喜んで従わなくても、献身的に妻を愛するようにと呼びかけられています。

しかし妻はどうでしょう。キリストに似ても似つかない夫を持つ妻に聖書は何と言っているか、私たちも知っておく必要があります。不完全な夫に妻は従うべきでしょうか。それとも従わなくてもいいのでしょうか。「聖書が示す結婚の型は素晴らしく、また美しくもあるでしょう。ただし、もし、男性たちのふるまいが現状より良ければ、の話です。もし夫が少しでもキリストに倣ってふるまってくれるなら、喜んで従いましょう」と言いたい妻もいるでしょう。

この問題にペテロは真っ向から答えます。それは信仰に根ざす他のすべての服従にも共通する教えです。クリスチャンが不当に扱われることをペテロはとても心配しています。彼は無慈悲な主人に仕える奴隷に語りかけ（Iペテロ二・一八）、みことばを信じない夫と結婚している妻にも語りかけます（Iペテロ三・一）。不当な扱いを受けている妻でさえ、原則として、夫に仕えることが求められています。それは、キリストを敬うがゆえです。

実に、サラが示したお手本に倣うようにと妻は招かれています。夫に服従するのみならず、柔和でしとやかな霊という美しい宝石によって、御心なら夫がキリストに導かれるために従うのです。

ですから、お分かりのように、結婚は夫にとってのみ十字架のかたちをしているのではありません。妻もまた、キリストが十字架の上で不当な扱いを受けたように（Iペテロ二・二一〜二三）、不当な扱いにさえも従えと呼びかけられています。夫は十字架のかたちをした愛の中で、また妻は十字架のかたちをした服従の中で、イエス・キリストの足跡をたどるのです。

以上の点を踏まえたうえで、家庭内の虐待があるところでは、この基本的な教えは当てはまらないことも心に留めましょう。夫が妻を身体的、性的に虐待するとき、それは義に関する問題となります。こんな虐待をする権利は夫に一切ありません。

そのような夫に、社会全体が法的措置を取るのは当然です。虐待を根絶するために警察も全力を尽くして当然です。信仰に生きる女性がどんなに困難な状況でも夫に服従しようとする場合、その女性を虐待から守るために、周囲が介入しなければならないこともあるでしょう。

エペソ五章同様、Ⅰペテロ三・七が夫に与える命令も傾聴に値します（もし夫たちに聞く耳があるならば）。妻は「自分よりも弱いもの」とわきまえたうえで尊重し、「生活を共に」せよとパウロは夫を諭します。夫は妻を理解する努力をしなければなりません。女性の身体的・精神的リズムや、出産、授乳、子育てのいろいろな段階、子どもの自立、更年期、そして老いていく中で、女性が一体どのような経験をするのかについて学ばなければならないのです。

夫はこの点をしっかりと理解し、ある側面においては妻は自分より弱いと認識して（あくまでも、ある側面に限ってです！）、共に生きるのだと教えられています。例えば妻は知性において夫に劣らず（そう思っているならとんでもない誤解です）、知恵においても劣りません（一～六節に登場する女性は、信仰のない男性と結婚したクリスチャンです。パウロは明らかに、この女性の知恵は夫の知恵に勝ると思っています！）。妻はまた痛みにもより勇敢に立ち向かいます（ことに出産において）。

けれども身体能力に限って言えば、平均して、女性は男性ほど屈強ではありません。ポリティカル・コレクトネスがもてはやされる現代でさえ、オリンピックで男女が競うことはありません。

この観点に立ち、夫は妻をいたわるようにと教えられているのです。妻が単なる自分の複製であることを期待するのではありません（複製ではない妻を与えてくれた神に感謝します）。

クリスチャンの結婚において、夫と妻はともにいのちの恵み（つまり永遠のいのち）の相続人となります。平等にキリストの尊厳と定めに与っているのです。ですから夫は、妻は自分よりも弱いことを理解したうえで、生活を共にするのです。その理解が夫になければ、祈りは妨げられます（七節）。妨げられるのが個人でささげる祈りなのか、夫婦でささげる祈りなのか、この箇所からははっきりしません。しかしどちらであっても、祈りが妨げられるなら事は重大です。もし夫が妻への配慮に欠けるなら、神が祈りを聞いてくださるとは期待できないでしょう。神が祈りを聞くことをやめることほど深刻な罰はありません。

神の結婚の型が歪む時

神が定める結婚の型は、実生活でどう機能するのでしょう。それを理解するために、型が損なわれる四つの場合について学びましょう。二つは男性の、もう二つは女性の態度の悪さが原因です。

暴君的な夫

まず最初に挙げられるのは暴君的な夫です。このような夫は支配的で、搾取的です。抑圧的で、いばりたがります。自分本位でもあります。家ではあれこれと指図して、彼が望むことを妻がすると期待し、妻が犠牲を払うことで自分の人生が生きやすくなることを期待します。疲れた夫や短気な夫が「家族を力強く導いている」と言って自分の乱暴さを正当化するのはとても簡単です。しかしそうやって家族を抑圧するのはおぞましい行為です。キリストの教えに根ざす指導的立場にある夫は正反対であるべきです。

偉そうな妻

次に偉そうな妻が挙げられます。エデンの園のエバのように、先頭を行きたがります。自分の運命は自分で決める、自分の心は自分がいちばん分かっていると主張して、自主性を強調します。このような妻は柔和さ、しとやかさとはほど遠く、どのような状況でも夫と妻の役割は交換可能だと主張します。こういった主張は家庭内の争いで終わるでしょう。偉そうな妻にはとてつもなく醜い何かがつきまといます。

おどおどした妻

三例めは玄関マットのように踏まれ続ける妻です。夫が少しばかり暴君的なのかもしれません。

ですから妻はただただ同調し、妥協することを選びます。言いなりで従順ですから、夫の望むことをします。

そういう態度のゆえにその妻は「神の園」で夫と崇高な関係を築き、共に働くという尊厳を放棄しています。動物と同じレベルに自らを置いているのです。こういった妻を「御しやすい子猫」と呼んだ人がいます。こういった妻は夫のおもちゃのような存在で、尊厳を失っているのです。

そうではなく、「神の国」で夫の助け手となるために、妻は知恵を使わなくてはなりません。勤勉で賢く、寛大な妻が隣にいてくれることを、夫は心から感謝しなくてはいけません。箴言三一・一〇～三一の有能な妻のようにです。この女性は、「知恵」が擬人化されればこんなふうだろうという女性です。あるいはダビデの妻となったアビガイルもまた好例です。災いからすべての人を救おうと知恵を尽くしました（Iサムエル二五章）。アキラと行動を共にしたプリスキラもまた、賢い助言者、貴重なパートナーのお手本と呼べるでしょう（使徒一八・二六、ローマ一六・三～四）。

このようにパートナーとしての資質を備え、生き生きと活躍するクリスチャン女性が、どうして信仰者としての魅力に欠ける夫にさえ服従しなくてはならないのでしょうか。そんな疑問が湧くかもしれません。生き生きとした妻でありながら、夫に対して支配的にならないよう努力するのは至難の業です。聖書が妻に示す服従を、夫と同等のパートナーとして神に仕えるという尊厳を諦めることだと誤解しないことが大切です。

責任を放棄する夫

四番めは創世記三章のアダムのように責任を放棄する夫です。こういった夫が結婚の型を最も甚だしく損なうと私は思っています。この点について悔い改めの必要のない夫などほとんどいないでしょう。十字架のかたちをしたリーダーシップを発揮するという召しには大きな犠牲が伴いますので、夫は体裁よくそれを避けようとします。会社で必要もなく長時間過ごしたり、ジムに際限なく入り浸ったりして、優しさと気遣いに満ちた夫そして父としての責任を放棄するのです。

神の定める結婚の型とその実践

服従と指導的立場とはどのようなものか、より具体的かつ実践的に教えてほしいとよく言われるのですが、非常に躊躇《ちゅうちょ》します。クリスチャン夫婦の数だけ、この結婚の型の実践のしかたがあるからです。体系的な規則を設けるのはとても簡単です。そうすれば表面上は神が定める結婚の型をきれいにまとめたように見えるかもしれません。しかし実際には大切な核を失ってしまうのです。なぜなら核を成すのは規則ではなく、結婚の型に対する夫婦の姿勢だからです。

結婚の型において肝心なのは夫です。夫は、十字架に向かわれるキリストのようであれと召されていることを何度となく、意識的に自覚しなければなりません。どのような犠牲を払ってでも、仕え、愛し、配慮することによって、導くことが求められています。結婚生活のどの段階にあろうとも、自分のふるまいを十字架に照らし合わせ、事細かに検証しなくてはいけません。キリストが妻である教会のために十字架にかかった時、教会にどのような姿をお示しになったのか、そのお姿に妻への接し方を一致させるのです。そうする時、何度となく悔い改め、神の恵みを追い求める中で、夫はほんの少しずつキリストの似姿に近づいていくのです。

結婚の型において肝心なのは、妻も同様です。妻は、尊厳と名誉に与って仕えるために、柔和でしとやかな霊を育むことを深く心に留めなくてはいけません。与えられた賜物を最大限に生かし、夫と同じ威厳を持って共に神に仕えます。そうでありながら、結婚においてキリストに倣ったリーダーシップを夫が取れるよう励ますのです。こうあるべきだと社会が示すすべての「妻のイメージ」に抗い、妻は敢えてこの態度を取ります。たとえ夫に欠点があろうともそうします。犠牲が伴うと分かっていてもそうするのです。教会が期待するからこういった態度を取るのではありません。夫に強制されるからでもありません。そうではなく神を愛し、神の御旨に従いたいと切望するからこそ、そうするのです。

神が定める結婚の型が世界に与える影響

神が提示する結婚の型もしくはかたちと、人間が生み出したあらゆる結婚形態の間には決定的な差があります。男性優位主義者がもたらす抑圧とも、フェミニストが提唱する闘争的「平等」とも一線を画しています。

神が示す型は、夫が献身的な愛においてキリストにより近づき、妻が献身的な服従においてキリストに近づくほど輝きを増します。しかしながら、繊細な事柄ではありますが、どの夫婦も何度でも神が示す結婚関係の軌道修正を図らなくてはいけません。

神がお考えになる結婚のかたちですから、私たちの結婚がこのかたちに近づいていくとき、それを見る人々に大きな影響を与えるでしょう。数年前、イギリス外務省と財務省の間で起こった論争について読んだことがあります。どの国の首都で働く外交官にロールスロイスを割り当てるか、というのが論点でした。この高級車はワシントン、モスクワ、パリなど、限られた首都のみで使用すると財務省が主張したのには驚きません。

外務省はもっと多くの国で使わせるべきだと主張しましたが、その理由に感銘を受けました。外国の首都に住むほとんどの人がイギリスを訪れたことがないと外務省は説明しました。しかしこの格調高き車が、ボンネットにイギリス国旗をたなびかせてなめらかに走っているのを見たら、彼らはこう言うだろう。「イギリスには行ったことがない。ほとんど何も知らない。しかしあんな車を作る国なら（そんな時代もあったのです！）、素晴らしい国に違いない」。

同じように、クリスチャンの結婚を目の当たりにする世の男女もこうつぶやくと思うのです。「神を見たことなどない。世界を眺めて、一体神は善なのか、そもそも神はいるのかと思うときもある。だけど神によって男女がこれほど互いを愛せるなんて。病める時も、健やかなる時も犠牲を伴うこれほどの誠実さを夫が見せるなんて。神にとって何の益もないのに、夫がこんなふうに妻を愛せる愛を与えるなんて。それなら神は素晴らしいに決まっている。また妻に、試練の中にあってなお、魅力的で優しい心をもって夫に仕えることができる恵みを与える神なら、素晴らしいに違いない」。

もし結婚しているなら、そして結婚を控えているなら、このように言われる夫婦となれるようにと祈りましょう。

学びとディスカッションのための設問

創世記三章、エペソ五・二二〜三三、コロサイ三・一八〜一九、Ｉペテロ三・一〜七を読みましょう。

1　妻は夫に服従するべきだと教えられるとき、どうして身構えてしまうのでしょう。

2　現代社会は妻の服従についてどう誤解していますか。

3　妻の服従に関する聖書の教えはどうして現代にも通用するのでしょう。

4　アダムとエバの関係について考えてみましょう。エデンの園でどんな問題が起きたのでしょう。

5　妻の皆さんへ。キリストへの信仰に根ざす服従について考えてみましょう。
a　結婚以外で、クリスチャンが服従を求められる状況にはどんなものがありますか。
b　キリストへの信仰に根ざす服従とは何を意味し、何を意味していないのでしょう。夫が間違っていると思うときでさえ、どのようにして夫への尊敬を示すことができるでしょう。この点についてじっくり考えてみましょう。
c　キリストへの信仰に根ざす服従は、あなたの結婚においてどんな意味を持つでしょう。

6　夫の皆さんへ。キリストへの信仰に根ざす指導的立場について考えましょう。
a　結婚において何をせよと夫は命じられていますか。それはどうしてですか。
b　どの点であなたの妻はあなたより「弱い」のでしょう。特にこの点において、どのように妻を愛しますか。

c　実生活においてどのように、献身的に妻を愛しますか。家庭、育児、家事の分担などについて考えてみましょう。

7　夫と妻はどうやって十字架に示された模範に倣うのでしょう。

8　神が示される「結婚の型」を損なう四つの歪んだ要素は何ですか。

9　もしあなたが結婚しているなら、これらの四つの歪みと神が示す完璧な型に自分の結婚を照らし合わせましょう。正しい方向へと軌道修正するために、実生活において、どのような取り組みができますか。

第六章

Married for God

結婚制度の目的

なぜ同棲ではだめなのか

マーティンは婚約を発表したばかり。会社で休憩中、同僚たちが祝福してくれました。

彼と婚約者のキャシーはクリスチャンです。同僚は二人の婚約を喜んでいるようでした。けれども彼らの約三分の二はすでに恋人と同棲しています。彼らはマーティンを祝福したいとは思っているようです。しかし正直に言えば、彼がどうして煩わしい結婚という制度を選ぶのか、理解できないようでした。

そんな同僚の一人マックスは学生時代、クリスチャン・ユニオン（キリスト者の学生団体）で活躍していましたから、聖書や信仰者についてよく知っています。彼がマーティンに言いました（その口調は喧嘩腰ではありませんでした）。「祝福するさ。当然だろう？　だけど何で同棲じゃだめなんだ？　同棲のほうが安くすむし、理にかなっている。たとえうまくいかなくても、関係を解消するのがよほど楽だもの。もしかして……同棲している俺たちは『罪に生きている』とでも思ってんのか」（この発言には多少の険がありました）。

＊　＊　＊

「結婚は優れた制度さ。だけど制度に生きたいなんて誰が思う？」そう言ったのはグルーチョ・マルクスでした。『けだもの組合』という映画でのことです。私の友人は、彼の妻になった人に「ある制度に従って一緒に住まない？」と言って、茶目っ気たっぷりにプロポーズしました。

結婚は優れた制度です。議論の余地がない制度（なぜないかというと、創造において神が設けられたものだからです）という意味でも、神の恵みの贈り物という意味でも、素晴らしいものです。

この章では、どうして神が定める結婚が優れているのか、また、なぜ神の定める結婚のかたちと境界線が祝福なのかを聖書から学びましょう。結婚という制度の目的とは一体何なのでしょうか。

二章で学んだ結婚の三つの目的を思い起こしましょう。子ども、夫婦関係、社会的秩序です。どれも神への奉仕と関係しています。子どもを授かることの意味は三章で、結婚関係の目的とかたちについては四、五章で学びました。本章では社会的秩序を取り上げます。結婚することで、私たちは性的混乱からどのように守られるのでしょう。

セックスを結婚の境界線で囲む

境界線とは制限されたり、管理されたりする煩わしくて嫌なものだと多くの人が思っています。しかし、結婚には明確な境界線があると聖書は教えています。聖書は、性的親密さは結婚の中においてのみ素晴らしく、それ以外のものは間違っていると、一貫して教えています。

旧約聖書でも新約聖書でも際立つ語が二つあります。一つは「姦通」、あるいは「姦通する」

で、伴侶以外の人とセックスすることです。

もう一つのことばは通常「性的不道徳」と訳されます。以前は「婚外交渉」と訳されていました。ギリシャ語では「ポルノ」ということばと語源が同じです（不道徳な性行為を描写することを「ポルノ」といいます）。性的不道徳は姦通より広い意味を持っています。婚外交渉、同棲におけるセックス、同性愛のセックス、獣姦など、結婚関係の外で行われる性行為すべてを指します。


「結婚がすべての人の間で尊ばれ、寝床が汚されることのないようにしなさい。神は、淫行《いんこう》を行う者と姦淫を行う者をさばかれるからです」（ヘブル一三・四）

聖書は神が定めた結婚の素晴らしさを教え、性的不道徳には一貫して反対の立場を取ります。結婚に関する境界線は尊重されなければいけません。ヘブル一三・四には「結婚がすべての人の間で尊ばれ、寝床が汚されることのないようにしなさい。神は、淫行を行う者と姦淫を行う者をさばかれるからです」とあります（この「淫行を行う者」がギリシャ語では「ポルノス」で、伴侶以外とのセックスに夢中になる人を指します）。

姦淫が結婚への冒瀆《ぼうとく》であることはもちろんですが、姦淫だけではありません。すべての性的不道徳が結婚への冒瀆なのです。セックスに適した唯一の場所として、結婚を尊重しなくてはいけません。聖書はこのことを明確に伝えています。

セックスをしたいと願うほど相手を愛するならば、その人と結婚して添い遂げると、公の場で誓わなくてはいけません。その誓いを立てられないなら、どんなに熱っぽく相手への愛を語ろうとも、実際にはセックスをする資格があるほどに相手を愛してはいないのです。

ですからクリスチャンなら、結婚せずにセックスしたいと思っているカップルにはこう尋ねるべきです。「どれだけ愛し合っているの？　セックスするのに適しているくらい本当に愛し合っているのかな？　もしそうなら、『まず』結婚の誓約を立てて、互いへの愛を公にするんじゃない？　もし公に誓えないなら、セックスする準備が整っていないよ。どんなにセックスがしたくても、どんなに愛し合っていると思っても、感情だけで片づけられる問題じゃないんだよ。だって愛は感情をはるかに超えるんだから。感情だけを頼りに愛するなんて、当てにならないよ」

人間はこの境界線に歯向かう

人間は常に結婚という制度に抗い、聖書が明確に設ける境界線をいまいましく思ってきました。そこには私のように、結婚について執筆する人たちも含まれます。行いはともかくとして、思いと欲望において、結婚が掲げる高い理想にかなう人などいないからです。この点で問題はないと思う人ほど、失敗しないように注意が必要です。

過去半世紀において、神が授けた結婚の境界線を最も著しく犯してきたのは同棲です。イギリスでは、一九六〇年代に離婚経験者の間でひっそりと始まりました。けれども今や同棲は、結婚経験のない若いカップルの間で当たり前のこととなっています。二〇世紀の終わり、二十代後半の英国女性の約四〇パーセントが同棲していました。ということは、同じ割合の男性が同棲していたと推定されます。これが他の年齢層にも広がれば、同棲率は一九九六年の一二パーセントから、二〇二一年には約二倍の二二パーセントに上がると、イギリス政府は推定しています。

正式な結婚にいたる同棲もあります。しかし多くの人は失敗し、別の相手との同棲を始めます。一九八五年〜一九九二年に結婚した人の三分の二が、少なくとも一度は同棲を経験したと、ある統計が明らかにしました（同棲した相手が後に伴侶となった事例も含まれます）。

歴史上、結婚はさまざまな文化の影響を受けてきました。「事実婚」もそうです。一緒に暮らしていれば事実上結婚していると、社会が認めていた時代もあったのです。しかし今日では事情が違います。現代のカップルは「定義上」結婚とは呼べぬ関係を自ら選んでいるのです。結婚という選択肢があるのに選びません。ですからかつての「事実婚」とはまったく異なる関係だと言えます。

神が設ける結婚の境界線をぼかすことでどうして、逆説的に束縛へと近づき、自由からは離れるのでしょう。どうして律法に近づき、恩寵からは離れるのでしょう。本章ではこの点の理解を深めましょう。結婚という制度の目的を理解し、結婚の境界線はどういった点で神の恩寵なのかを学びましょう。

すでに同棲したり、同棲を考えたりしている人を非難したくはありませんが、同棲は結婚の代わりとするには、あまりにもろいものだということを伝えたいのです。読者の皆さんには、結婚という神の素晴らしい贈り物を受け取ってほしいのです。もしあなたがクリスチャンなら、聖書が教える結婚は「善行」を押しつけてくるようなものではなく、喜びと確信をもって勧められる制度なのだということを理解してほしいと願います。

神は創造に道徳的秩序を組み込まれた

まず、創造の秩序について説明しましょう。世間の常識とは異なりますが、とても重要なことです。

神が万物を創造なさったと聖書は教えます。どのように、いつといった議論は、本書の主題から逸れてしまうので、今は置いておきます。

創造主なる神が万物を造られました。すべては神の手から生まれたのです。そして神は世界を秩序だった場所として創造なさいました。創世記一章が順序立てて伝えるように、世界には境界線が設けられました。天と地、水と水などの間に境界線ができたのです。世界に秩序がないならば、科学を学ぶ意味はありません。科学者は秩序を生み出すのではなく、すでにある秩序を発見するのです。

この秩序は物質世界だけでなく、精神世界にも存在します。道徳にも、人との関係にも存在しているのです。科学者が秩序を生み出すのではなく発見するのと同じように、私たちも道徳を生み出すのではなく、善なる神が与えてくださった道徳を聖書の中に発見するのです。

セックスについてこのように言うことは、多くの現代人の気持ちを逆なでします。彼らは「セクシュアリティ」は流動物のように、自分たちの思いのままにかたちを変えると考えているからです。「神が与えた秩序などない。あるのは、自分たちのやり方を押しつける、権力欲の強い集団が作った規則だけだ」というのが彼らの主張です。「教会」は道徳を押しつける、伝統主義に立つ集団だとみなされ、そういった押しつけは、個人的自由への余計な介入だと、強い反発を受けます。

ですから、教会は誰にも何も強要するつもりはないと、しっかり伝えることがとても大切です。ただ、「聖書は本来あるべき世界の姿を伝えています。それを無視するなら、危険を覚悟しなくてはいけません」と伝えたいのです。

セックスも同じです。結婚におけるセックスには安らぎがあり、多くの祝福をもたらします。しかし結婚以外の場では、セックスは危険で、破壊的です。神は私たちとセックスの関係をそのように創造なさいました。この関係こそが、本来あるべき世界の秩序なのです。

この秩序を無視する、という選択肢もあります。もしそうしたいなら、高層ビルから飛び降りることもできます。しかし自分と、恐らくは周囲をも危険にさらすことなしに、そうすることはできません。性的混乱に陥った現代社会は、セックスに関するさまざまな問題に直面しています。だからこそ結婚の秩序だった境界線が必要であり、助けともなるのです。

結婚を無視したセックスがもたらす害を、聖書は少なくとも二つ記しています。どちらも箴言に鮮やかに記されています。どちらの詩も特に若い男性に向けて書かれていますが、どの世代の男女にも当てはまる内容です。

結婚を無視したセックスは破滅的

エネルギーの浪費を招く

「わが子よ、注意して私の知恵を聞け。私の英知に耳を傾けよ。
あなたが思慮深さを守り、あなたの唇が知識を保つために。
よその女の唇は蜂の巣の蜜を滴らせ、その口は油よりも滑らかだが、
終わりには苦よもぎのように苦くなり、両刃の剣のように鋭くなるからだ。
この女の足は死に下って行き、その足取りはよみをつかみ取る。
その女はいのちの道に心を向けない。彼女が通う道はあてどもなくさまよう。
しかし彼女は、それを知らない。

子たちよ、今、私に聞け。私の口のことばから離れるな。

あなたの道をこの女から遠ざけ、その家の戸口に近づくな。

そうでないと、あなたは自分の誉れを他人に渡し、あなたの年月を残忍な者に渡すことになる。

また、他人があなたの富で満たされ、あなたの労苦の実は見知らぬ者の家に渡る。

そして、あなたの終わりにあなたはうめく。あなたの肉とからだが滅びるとき。

そのとき、あなたは言う。『ああ、私は訓戒を憎み、私の心は叱責を侮った。

自分の教師の声に聞き従わず、自分を教える者に耳を傾けなかった。

私は、集会、会衆のただ中にあっても、ほとんど最悪の状況であった』と。

あなた自身の水溜めから水を飲め。

流れ出る水を、あなた自身の井戸から。

あなたの泉を外に散らし、広場を水路にしてよいものか。

それを自分だけのものにせよ。あなたのところにいる他人のものにするな。

あなたの泉を祝福されたものとし、あなたの若いときからの妻と喜び楽しめ。

愛らしい雌鹿、麗しいかもしか。彼女の乳房がいつもあなたを潤すように。

あなたはいつも彼女の愛に酔うがよい。

わが子よ。どうしてよその女に夢中になり、見知らぬ女の胸を抱くのか。

人の道は主の御目の前にあり、主はその道筋のすべてに心を向けてくださる。

悪しき者は自分の咎《とが》に捕らえられ、自分の罪の縄に捕まえられる。
その人は訓戒を受け入れることなく死に、あまりの愚かさゆえに道から迷い出る」

（箴言五・一～二三）

五章で語る師もしくは父親は、「わが子」（一節）に「よその女」（三節）を避けなさいと警告します。「よその女」とは安定した家庭生活とは無縁の女性を指します。結婚の境界線を気にせずセックスできる「だらしない女性」です。同じように、結婚して相手を守ることもせず、セックスしたがる「だらしない男性」に注意せよとの警告が、若い女性にも必要です。

警告の理由が大切です。単に「間違っている」というだけではありません（もちろん間違ってはいるのですが）。伴侶以外とのセックスを求めて結婚の境界線を越えるなら、「自分の誉れを他人に」渡すことになるからです（九節）。「誉れ」は人としての本質と祝福を意味します。また、浮気や不倫にかける労力は浪費に終わるので、安定し、祝福された家庭は築けないと警告されています（一〇節）。

性的混沌に陥った現代社会にはこういった例が多くあります。離婚慰謝料、家族と離れ、一人になったことで生じる個人的・社会的経済の損失、性感染症やＨＩＶ／ＡＩＤＳ感染者の急増。離婚で受けた傷に耐えながら、寂しく迎える老後もあります。浮気や不倫の渦中にある時は楽しいかもしれません。けれども最終的には、神の与えた境界線をないがしろにしたことを後悔するでしょう（一一～一四節）。伴侶を愛し、誠実であることにこそセックスのエネルギーを向け、愛と祝福に満ちた家庭を築くということが神の御旨です（一五～一九節）。つまり神にお仕えするという結婚の目的を決して忘れず、セックスしてほしいということです。

破壊的な嫉妬を生む

「わが子よ、あなたの父の命令を守れ。あなたの母の教えを捨ててはならない。

それをいつも心に結び、首に結び付けよ。

あなたが歩くときには、それがあなたを導き、寝ているときには、あなたを見守り、目覚めるときには、あなたに話しかける。

命令はともしび、おしえは光、訓戒のための叱責は、いのちの道であるからだ。

それはあなたを悪い女から、見知らぬ女の滑らかな舌から守る。

その女の美しさを心に慕うな。そのまぶたに捕らえられないようにせよ。

遊女の代償はひとかたまりのパンだが、人妻は尊いいのちをつけ狙うからだ。

人が火を懐にかき込んだら、その衣服は焼けないだろうか。

もし人が、燃えている炭火の上を歩いたら、その足は焼けないだろうか。

隣人の妻と姦淫する者は、これと同じこと。その女に触れる者はだれも罰を免れない。

盗人が飢え、食欲を満たすために盗みをしたら、人々はその者を蔑まないだろうか。

見つかったら、彼は七倍を償い、自分の家の全財産を与えなければならない。
女と姦淫する者は良識がない。自分自身を滅ぼす者がこれを行う。
彼は傷と恥辱を受ける。彼の汚名は消し去ることができない。
女の夫は嫉妬から激しく憤り、復讐《ふくしゅう》するとき、容赦をしない。
彼はどんな償い物も受けつけず、あなたが多くの贈り物をしても、受け入れない。

（箴言六・二〇〜三五）

この箇所で、若者は結婚の境界線を越えてはならないと警告されています。懐に火を抱くことになり、そうすれば服が焼けてしまいます（二七節）。炭火の上を歩くなら、やけどを負ってしまいます（二八節）。というのも、結婚の境界線の外でのセックスはとてつもない嫉妬を引き起こすからです。セックスにおいて相手に誠実であってほしいと願うのが、人間の本能です。その誠実さを破るものは何であれ、激しい怒りを引き起こします。泥棒は、盗んだ物を返すなら、赦されるでしょう。しかし、自分以外の誰かと結ばれた人とセックスするなら、決して償うことはできません（二九〜三五節）。

結婚の境界線を破るセックスが否応なく引き起こす嫉妬は、憎悪と暴力につながります（感情を表にできる人の場合）。もしくは苦悩と鬱です（内にこもる人の場合）。境界線を越えた先に待っているのは自由で幸せな社会ではなく、苦悩と暴力なのです。自分中心なセックスは、自ら破滅を招くセックスです。だからこそ結婚という制度を尊重しなくてはいけないのです。

結婚は神からの贈り物――人間が生み出したものではない

結婚は神が与えてくださった制度です。創造の秩序の一部として、神が慈しみをもって備えてくださいました（創世記二・二四）。これは恵みです。そうでなければどのカップルも関係を築くうえで、自分たちに頼らざるを得ません。そんな関係は不安定で、心もとないものです。幸運にも、私たちは新たに結婚を制定する必要はありません。すでに聖書が、神がお定めになった結婚について教えています。

私たちは心から安堵すべきです。もし聖書の教えがないならば、どのカップルも自分たちなりの関係を築かなくてはいけません。それは、どうかうまくいきますようにとの、はかない望みを抱きながらの挑戦になるでしょう。

男女が結婚する時、結婚式や披露宴など、ありとあらゆることについて話し合わなくてはいけません。両家、そしてお互いとの折り合いも必要になります。どこに住むのか、どんな仕事につくのか、家具はどうするのか、友人や家族とはどんな関係を築いていくのかなど、話し合うことはたくさんあります。

けれどもただ一つ話し合わなくてもいいことがあります。結婚そのものについてです。伴侶以外の人とセックスしてもいいのか、結婚はどれだけ続けばいいのか、秘密にすべきか公にすべきかといった事柄を巡って話し合う必要はありません。

もちろんこういったことを話し合って、自分たちなりの契約関係を築くことはできるでしょう。けれどもそれは神が創造された結婚ではなく、人間が編み出した、結婚に見せかけた契約関係にすぎません。自分たちなりの「結婚」関係を築こうとするなら、恐れと不安を伴った冒険となるでしょう。

結婚した日に始まる制度

結婚という制度は、結婚式を挙げた日に始まります。徐々にしていく、というものではありません。結婚の在り方については、さまざまな意見があります。結婚とは理想を求めていくものだと言う人がいます。こういった人は、理想には到底及ばないとは分かっていても、夫婦そろって二人の関係の質を上げるために努力するべきだと主張します。このように考える場合、結婚という制度は「変化の過程」だと言うことができます。

「私たちにとって素晴らしい一年でした。去年に比べ、もっと結婚しています。今は八七パーセントくらい結婚していると思います」。結婚を「変化の過程」と考える夫婦がクリスマスカードに書く挨拶はこんな感じかと、面白おかしく想像してみたりします。「そんなにいい年ではありませんでした。結婚が六三パーセントまで減りました」。こんな挨拶もあるかもしれません。「結婚など紙切れ一枚の誓約に過ぎない」と言う時、このようなことが起こります。こう言う人は、冷淡な印象の制度上のことではなく、温かい個人的な関係に目を向けようと主張します。ある著名な神学者は「夫婦は法的には結婚しているかもしれないが、本当の意味では結婚していない。どのような夫婦関係であれ、理想には到底及ばないからだ」とさえ言いました。

個人的関係を重視する結婚と言うと聞こえはいいかもしれません。しかしこのような結婚は、実は破滅的です。なぜなら結婚は理想ではなく、制度だからです。もし結婚をかなえるべき理想だと考えるなら、神が与えてくださった制度としての安定を、人間が取り組む事業に置き換えることになります。それはもろいものです。結婚を祝福された世界から取り出し、寒々しい、何の助けもない荒地に置くようなものだと、聖書は教えています。

結婚は理想ではなく、人生そのものです。夫婦は結婚した日から夫婦なのです。結婚とは、結婚したその日から始まる良い制度です。この神に与えられた制度と境界線の中で、結婚生活をしっかり送るようにと神は召しておられます。神が定めた結婚という安定があれば、私たちは安心して、自信をもって成長することができます。このような結婚でなくても、私たちは努力するかもしれません。けれども「誰にも頼れない」という、身のすくむような不安は消えないでしょう。

こういったことは、教会とも、教会で挙げる結婚式とも関係がありません。この点をはっきりさせておく必要があります。グレアム・グリーンが著した『ブライトン・ロック』(丸谷才一訳、早川書房）という気の滅入る小説があります。ある少女との結婚を望む不良少年ピンキーの話です。この少女はピンキーのある行動について証拠を握っています。結婚すれば、妻の証言だから証拠能力がなくなると考えたピンキーは、この少女と「結婚」しようとします。

「教会で式を挙げたいか」と弁護士に聞かれたピンキーは「まっぴらだ」と答えます。「本物の結婚じゃないんだから」と。「充分、本物じみているがね」と言われ、「牧師に挙げてもらうんじゃないんだから本物じゃない」とピンキーは答えます。この「牧師が挙げれば結婚はよりリアルになる」という考えは広く普及しています。これは根本から間違った考えで、聖書にも根拠はありません。

文化の数だけ、結婚様式があります。挙式も風習も実にさまざまな文化の影響を受けています。聖書にもいろいろな結婚の風習が記されていますが、率直に言ってそれらを気にする必要はありません。聖書がある文化の風習にのっとった結婚を紹介しているからといって、それに従えということではありません（創世記二四・六七を読んでみましょう。もし私たちがイサクに倣うなら、新婚期間は花婿の母の家で始まることになります）。

挙式は教会でしても、他の場所でしても、問題はありません。豪華な披露宴をしてもいいし、なじみの店でささやかに祝ってもいいのです。実際に結婚するのであれば、クリスチャンか、そうでないか、ということさえ問題ではありません（というのもキリスト教が教える結婚という制度は、一般的な結婚と変わりがないからです）。結婚した日に夫婦は、神が与えてくださった制度に入ります。結婚のかたちや境界線を巡って議論する必要も余地もありません。結婚は結婚です。

ここまで、結婚の境界線が破られる時に起こる問題や苦しみについて学びました。次に、どうしてこの境界線が設けられているのかについて詳しく学びましょう。端的に言えば、結婚は以下のように定義されます。

「結婚とは、異なる家庭で育った男女が自主的に、公に結ぶ関係である」

結婚の境界線とは何か

同じ家族に属する二人は結婚できない

この点に関する詳しい説明はいらないでしょう。同じ家族に属する男女の結婚は近親相姦にあたると聖書は教えています。近親相姦が許されないのは、家族の秩序と安全を守るためです。もし夫婦ではない男女が家族や親戚として同居する場合、二人は決してセックスをしてはいけません。二人が性的関係を持って、家庭に緊張と破滅的な混乱が生じるのを避けるためです。レビ記一八章を読めば、旧約時代のイスラエル文化においてこの原則が機能していたことが分かります。新約聖書では、Iコリント五・一で義母との同棲に言及しています。これは聖書における非常に大切な境界線に関する記述ですが、ここではこれくらいにしておきます。

結婚は一人の男と一人の女がするもの

結婚は一人の男性と一人の女性を結ぶものです。この点も詳説はしません。同性愛ではなく異性愛に基づくものとして、また、一夫多妻制ではなく一夫一婦制のものとして、神は結婚を創造なさいました。神が私たちを異性愛者として造られたのは、特に、私たちが子どもを授かることを念頭に置いてセックスをするからです。

一夫一婦制であるのは、神がそのように創造なさったからです。旧約聖書時代の文化には一夫多妻制もあったことが記されています（王や族長の場合がほとんどですが）。聖書の著者たちは、道徳上問題がある話も、善し悪しの判断をつけずに記録しました。というのも、伝えたいポイントはそこにはないからです。記述すべき事柄がたくさんあるので、「これはいいこと」「あれは悪いこと」といちいち書かないのです。

しかし、創世記二章が描くのは一人の男と一人の女です。創世記四・二二〜二三には、問題のある人物で、最初の重婚者レメクが登場します。彼の物語は、重婚が家庭に常に不和を招くことを教えています。イエスも一夫一婦制を主張しています（マルコ一〇・六〜八）。夫婦は「もはやふたりではなく、一体である」ことに注目しなさいと、イエスはおっしゃっています。一人の男と一人の女を結ぶのが結婚です。それが神の御心であることを、ここに挙げた例ははっきりと示しています。

結婚には主体性と、公に交わされる誓約が必要です。この二つがあって、初めて結婚の境界線が生まれます。主体性と誓約は密接に関係しています。その点に注意しながら、結婚の境界線についてさらに詳しく学んでいきましょう。

結婚とは主体的な結びつき

結婚には主体性が必要です。カップルは互いに納得して結婚します。強制されてはいけません。交際を経て結婚に至るカップルもいるでしょう。お見合いという場合もあるでしょう。それはどちらでもよいのです。けれども強制ではなく、男女共に心から納得して結婚することが大切です。では「納得して」結婚するとは、一体どういう意味なのでしょう。

まずセックスへの同意が挙げられます。この点が明確でなければいけません。聖書は強姦を嫌悪しています。聖書が嫌悪するように、どの社会も嫌悪すべきです。

しかし、同意のうえでセックスしたからといって、結婚に同意することにはなりません。売春婦、不倫カップル、そして同棲している人たちは、同意のうえでセックスをします。しかし結婚には同意していません。結婚に同意するならば、生涯にわたって相手に誠実であると、公の場で約束しなくてはいけません。「あなたこそを、私の夫／妻として迎えます」と公に宣誓するのです（婚約式の時点では「迎えようと思っています」ですが、結婚式では「迎えます」です）。

同意のうえで結婚するならば、どちらかが天に召されるまで、セックスする相手は伴侶だけだと納得しなくてはいけません。子どもを授かれるなら授かり、共に家庭を築くことも考える必要があります。神にお仕えし、信仰に根ざした関係を育み、新しい家庭を築き、社会に貢献する夫婦になるために、同意のうえでセックスする必要があります。自覚できない時もあるかもしれませんが、これが神が夫婦に求めておられることです。

二人がどんな同意を交わしたのか、結婚式でいちいち丁寧に説明する必要はありません。同意した内容には社会的常識も含まれるでしょう。同意内容をすらすらことばにすることも、夫婦には求められていません。そうすることが必要だと思われることもよくありますが、それは社会が混乱すればするほど、結婚の意味を改めて説く必要が高まるからでしょう。教会で結婚式をすることの恵みとして、誓約を交わす前に、聖書が教える結婚の目的やかたちについて学べる点を挙げられます。ともかく、どちらにしろカップルは心から納得して、結婚しなくてはいけません。

結婚は公な関係

結婚は公の事柄です。「寝室でのプライバシー」に干渉してはならないという考えは浅はかです。夫婦がセックスを通して築く関係は、周囲に影響を与えるからです。そういう意味で、夫婦のセックスは夫婦だけの問題に留まりません。結婚が公の事柄であるというのは、近年の教会が主張しているだけだと言われることがあります。聖書に「教会（もしくはシナゴーグ）」での結婚式の描写がないので、教会で結婚式を挙げるのは、文化的背景によるものだと言うのです。

結婚式の挙げ方は文化によって異なりますが、どの結婚式も公に行われるのが本来の在り方です。新約聖書で「結婚」と言うときは「婚宴」（マタイ二二・二など）を指します。「婚宴」とは結婚したことを知人に知らせるお披露目パーティーのことで、二人はその時点で結婚したことになります。カナでは結婚式の後で披露宴が行われたのではありません。披露宴そのものが結婚式だったのです（ヨハネ二・一～一一）。

気づいたらなんとなく夫婦になっていたから遅ればせながらパーティーでもするか、ということはあり得ません。結婚式で結婚すると宣言することが大切で、その時、二人は結婚したことになるのです。どのようなことばをもって誓いが交わされるにせよ、結婚式において一組の夫婦が誕生したことを、誰もが理解できる内容でなくてはいけません。

公に交わされる同意によって始まる結婚

結婚したらすぐにもセックスしたいと思うものでしょう。けれども大切なのは順番です。聖書が「裸」と言うとき、それは「性的親密さにおける裸」という意味です。これは非常に繊細な事柄です。セックスを通してしか、相手に開示できない部分があります。セックスのそのような繊細な側面は、生涯にわたる互いへの誠実さが誓約されたあとでのみ、安全なものとなります。結婚前、そして結婚以外の場で行われるセックスは危険にさらされているのです。

結婚はセックスをするかしないかではなく、公に誓約を交わすかどうかにかかっています。セックスしても、結婚しないカップルはいます。けれどもカップルが公に誓約を交わしたら、無事に初夜を迎えようとそうでなかろうと、結婚したことになります。結婚は公に交わされる誓約によって始まります。誓約したら、その後、夫も妻も、結婚していないと主張することはできません。

身体的もしくは心理的な理由から、夫婦がセックスできない場合もあります。しかしその場合でも、そしてたとえ悲しみといらだちがあったとしても、二人が結婚していることに変わりはありません。この点を理解することが大切です。セックスを通して伴侶を愛することを学ぶのは、非常にデリケートなことで、しっかりと誓約が交わされたという安心感の中でこそ、可能なものです。結婚においては、夫も妻もセックスが上手だと見栄を張る必要はありません。

この点もまた、神がお定めになる結婚の恵みでしょう。結婚におけるセックスは恵みのもとにあるセックスですから、夫婦はありのままでいられるのです。セックスがうまくいくときも、いかないときもあるでしょう。たとえうまくいかなくても、夫と妻はほがらかに笑うことができます。そんなことで夫婦の関係は揺るがないと分かっているからです。

笑い飛ばすことのできない問題が起きる場合もあるでしょう。そういった場合でも、結婚はセックスのうまいへたではなく、厳かに交わされた誓いによると夫婦は分かっていますから、二人で忍耐強く問題に取り組むことができます。誓約が与える安心感のゆえに、セックスは神の恵みのもとにあると言えるのです。

一方で、結婚以外の場で行われるセックスは、いわば「律法の下」にあると言ってよいでしょう。交際を続けるために、セックスで失敗してはいけないと躍起になります。相手がセックスに満足していないのではと不安です。いつも試されているような状態です。

結婚――個人的な感情ではなく、公の誓約によって

公に交わされる誓約によって、結婚が成立するのだということをしっかり理解しましょう。また、公にした誓約は、二人が同意した誓約だということも重要です。誓約する際に、心の中ではおじけづいてしまうかもしれませんが、個人的な感情は問題ではありません。公の場で口にすることで、責任を持って誓約をしたことになるのです。内心では整理がつかぬままの、不安でいっぱいの門出かもしれません。でも、大切なのは一度立てた誓約はどんな犠牲を払ってでも守らなければならないと、しっかり理解することです。詩篇一五篇はどんな犠牲もいとわず、約束を守り抜く人をたたえています（四節）。

トマス・ハーディの『はるか群衆を離れて』（高畠文夫訳、角川書店）という小説の中で、フランシス・トロイはかつての恋人ファニーを収めた棺《ひつぎ》のそばに立っています。棺には死産した二人の赤ん坊も収められています。妻であるバスシバの前で、トロイはファニーの冷たい唇に口づけします。単に以前恋人だっただけの女性に、その愛情表現は何だとバスシバは夫を責めます。

トロイは妻の抗議に耳を傾けず、ファニーに語りかけます。「愛するファニー、心配しないで。天国ではきみこそ僕の妻だよ！」バスシバは必死の思いで問いかけます。「もしファニーがあなたの妻なら……私は何なの？」トロイは答えます。「きみなんてどうでもいい。どうでもいい存在なんだ。牧師に結婚式を挙げてもらったからといって、結婚したことにはならない。気持ちのうえでは、僕はきみのものじゃない」。トロイの言うとおりです。牧師に結婚式を挙げてもらっても、結婚したことにはなりません。

しかしトロイの的を得た発言はそれだけです。結婚を結婚たらしめるのは、公の場で誓約された互いへの誠実さです。そしてトロイはその誓約をバスシバと交わしました。たとえ心の内にどんな思いを秘めていようとも、神の前ではバスシバこそが妻であるという事実を、トロイは受け入れるべきでした。今日でも、夫や妻が伴侶を捨てて不倫相手のもとへ走るとき、同じような欺《ぎ》瞞《まん》があらわになります。こんなにも恋いこがれているのだから、その不倫相手と結婚するのが神の運命だったはずと、正当化するのです。けれどもそれは欺瞞にすぎません。

結婚はなぜ、同棲より優れているのか

同棲は結婚より融通がきき、束縛もないと考えられていますが、結婚は多くの点で同棲よりも優れています。それについて五つの観点から学んでいきましょう。

結婚は明白な事実

まず初めに、結婚は明白な事実です。例えば、あるカップルがセックスをし、同棲を始めたとします。すると周囲は、二人の関係はどういうものなのか、あれこれ推測します。二人は互いに納得してセックスしているのでしょう。そうでなければ強姦になってしまいます。しかし二人は一体どんな約束を交わしているのでしょう。どのような共通理解のうえで、同棲を始めたのでしょうか。

カップルの数だけ答えがあるでしょう。ほとんど何も真剣に考えていない場合もあるでしょうし、住宅ローンを折半することについて口約束する程度の場合もあるでしょう。しかしどちらにしても、二人の関係は曖昧なままです。同棲にかける女性の期待は男性の期待を上回ると、ある研究が明らかにしています。一般的に、女性は二人の関係を続けることを本気で考えています。しかし男性はもう少し慎重です。同棲を楽しみつつ、実のところどうなっていくのだろうと様子をうかがっています。こういった同棲の捉え方が男女で逆転することもあるでしょう。しかしいずれにせよ、はっきりしない関係です。だからこそ、周囲もそんなカップルとどう接していいのか分からないのです。

どちらかが亡くなった時にこそ、同棲という関係の曖昧さがつらく感じられます。亡くなった人に最も親しい人とは誰なのでしょう。私たちは一体誰と悲しみを分かち合うべきなのでしょう。亡くなった人の両親でしょうか。それとも残されたパートナーでしょうか。

しかし結婚には、こういった曖昧さはありません。夫婦は生涯にわたる誓約を公に交わしているからです。誓約を交わした日から、二人は互いに最も親しい相手です。というのも、二人は結婚して、両親の庇護《ひご》から完全に離れているからです（創世記二・二四）。

結婚は家族のつながりを生み、同棲は曖昧な関係のまま

次に、結婚は家族のつながりを生む関係です。二人が曖昧な関係を続けるのではありません。電車に乗っていた時のことです。二人の女性がにぎやかにおしゃべりしていました（電車では時々こういうことがありますね）。一人が同棲していた「パートナー」と後に結婚したと言いました。「それで気づいたのよ。私の両親なんだけどね。結婚式にかける思いがすごいのよ。同棲していた時は知らんぷりだったのに」。

驚くことはありません。プライベートな関係を保つことが「同棲」の目的だったのですから。秘密の関係という意味のプライベートではなくて、二人だけが同意し、納得した関係に留まる、という意味です。こういったカップルの家族は、困惑しつつ、曖昧な態度を取るよりほかありません。

しかし結婚は家族と家族を結びます。その結びつきによって、葛藤が生じることもあります。けれどもこの家族の広がりもまた神の恵みなのです。広く家族と社会につながっているほうが、「自由」に、しかしあてどもなく漂流するより良いのです。

さすらいの地に住んだカインは、家族とのつながりを断たれ、自由だったでしょうが、孤独でもあったのです（創世記四・一六）。また、バベルの民は全地に散らされました（創世記一一・九）。聖書における「離散」はすべて呪いを表しています。反対に、民族や家族に迎えられることを、聖書は恵みと捉えています。ご自分が創造なさった世界が、秩序と人々とのつながりによって保たれることを、神は望んでおられるからです。そして結婚は、その神のご意志へと近づく第一歩なのです。

結婚の始まりを大切に

夫婦は結婚してセックスをしますが、その始まりには特有の繊細さがあります。結婚が公の誓約をもって始まることが、この点でとても大切になります。これが三つめの結婚の優れている点です。私たちは、自分のことを、何でも決断できる自立した存在だと思うときがあります。しかし実際には、一つの決断を下すのにも、実にさまざまなものの影響を受けているのです。

セックスは特にそうでしょう。私たちは欺瞞や誇張に満ちたセックスの情報にさらされています。燃え盛るほどの情熱や圧倒されんばかりの欲望にも、知らず知らずのうちに影響を受けています。後に後悔するような決断を、いつするとも分からない状況にあるのです。

結婚が公の事柄であり、家族とのつながりを持つ関係であることが、こういった事態への備えとなります。だからこそ教会は、カップルがせっぱ詰まって、秘密裡《り》に結婚するのを防ぐ役割をずっと担ってきたのです。

創世記三四章には通常「ディナの強姦」と言われる不思議な事件が記されています（ディナはヤコブの娘です）。しかしディナがカナンの族長の息子シェケムに強姦されたのかどうか、実は、はっきりしません。シェケムは暴力じみたおどしをもって、一緒に住もうとディナを説得したのでしょう。シェケムがディナに想いを抱き続けたことから、そう推測できます（八節、一九節）。こういった恋慕を、単なる強姦犯が抱くとは思えません。ディナもまたシェケムの家に長期間滞在しますから（二六節）、誘拐されただけとは思えません。若くて、世間にも疎く、家族と離れて一人でいたところを見初められたディナは、一緒に住むようシェケムに説得された、と見るのが妥当なようです。

ディナにこそ家族の保護が必要でした。彼女を守りたいと願うなら、シェケムは彼女を家に連れ帰る前に、彼女の父ヤコブの許可を請うべきでした。創世記三四章が示すように、結婚は夫婦二人だけの問題ではありません。家族ともつながった公の関係を結婚と呼びます。家族は、結婚生活で起こるデリケートな問題を解決する知恵と守りを夫婦に与え、二人が情熱に駆られてとんでもない間違いを起こすことを防ぎます。

家族の干渉は個人の自由を脅かすうとましいものと一般的には思われています。確かに、家族が度を越した行動に出ることもあります。しかし親は子を愛しているのですから、子のために最善を尽くすものです。結婚が社会に開かれた関係であることが、それを後押ししています。

結婚は裏切られた人を守る

四つめとして、たとえ破綻しても、結婚は裏切られた人を守り、義を与えてくれることが大切な恵みだと言えます。性的関係にあった相手が去れば、残された人は苦しみます。しかし結婚においては夫や妻が去った場合、残された伴侶には権利があり、相手はその権利を尊重しなくてはいけないという社会認識があります。健全な社会であれば、その権利を無視して、夫もしくは妻の責任を放棄することはできません。法廷で調停がなされ、子どもの養育への協力を求められるでしょう。完璧に行われることはないかもしれませんし、これでも不公平かもしれません。けれども少なくとも結婚には、義を保証する社会的枠組みがあると言えます。

イギリスでは、同棲相手にも義務を課す法整備が進んでいるようです。そう遠くない日、同棲相手に対する法的責任を果たさずして、関係解消はできなくなるかもしれません（子どもがいる場合は特にそうでしょう）。こういった変化は歓迎すべきでしょう。しかし法整備が進めば、結婚の義務を嫌って同棲を選んだ人にとって、同棲の魅力が減ることも忘れてはいけません。実際、同棲カップルを夫婦のように見なし、義務と責任を課すこともできるかもしれません。その場合、同棲を解消するには、一方が他方を訴えねばなりません。つまりそれは離婚申し立てです。もしそうなれば、単なる同棲でも結婚の誓約を交わすことと同じになり、同棲は結婚そのものとなります。しかし現状ではそうではありません。もしこういった法整備が進まないのであれば、男女の間で起こるデリケートな問題に解決を与えるのは結婚だけです。

結婚の意思を公にする

五つめに、結婚は公にされることが必要です。なぜなら、公に約束を交わす時、私たちはそこに自分の評判と高潔さを賭けるからです。

ソファの上でイチャイチャしながら、「これからもずっと一緒？」「もちろんだよ。どうして別れるなんて思うんだい？」などと二人だけで交わす約束とは訳が違います。結婚の誓約は証人の前で、堂々と行われます。

二人の間だけで交わされる約束など、いとも簡単に破られます。朝露のようにはかなく消え去ります。誤解だの、そんなこと言ってないなどと、水かけ論で終わるのです。こんなときは往々にして、自分勝手な思い違いもしてしまいます。

けれども家族、友人、同僚、同じコミュニティに住む人の前で誓約を交わすなら、それを守ろうと努力するものです。嘘つきと思われたくはないからです。そして、結婚はこの誓約から始まります。結婚式に参列した人の数が問題なのではありません。大切なのは、社会を代表して出席した証人たちの前で誓約を交わしたということです。「結婚した」というのは、皆の前で誓約を交わした、ということなのです。

公に交わされる誓約は、ちょうどアダムとエバに与えられた皮の衣のようです（創世記三・二一）。どちらも人間が弱いからこそ必要なものです。人間が正義を行えるから民主主義は成立するのだと言った人がいますが、逆のことも言えます。人間はまた不義を働くからこそ、民主主義が必要なのです。正義とは何かを理解しなければ、民主社会を作ることはできません。そして不正に立ち向かうために民主国家が必要なのです。

同じように、人間には誠実さがあるから結婚できるが、不誠実さもあるから結婚が必要だとも言えるのです。約束したことに忠実であるためにも、誓約は公に交わされる必要があります。

結婚がうまくいかなくて悩む時、生涯にわたって互いに誠実であると公に誓ったこと、そしてそれを守ることを皆が期待していることを思い起こすことが支えとなります。もしその誓約を守らず、皆の期待にも応える努力をしないなら、面目を失うことも覚悟しなくてはいけません。

以上五つの点が、結婚生活の支えとなり、結婚の最初に立てた誓いを、最後まで守ることを助けてくれるのです。

まとめ

本章では、なぜ結婚という制度が神の恵みと呼べるのかについて学びました。結婚は神が世界に与えてくださった素晴らしい贈り物の一つです。神の定めを離れた自由な解釈は許されず、神と交渉する余地もありません。結婚は恩寵です。証人の前で公に誓約を立てる日、夫婦はこの神の結婚に与ります。徐々に結婚していくといった性質のものではありません。覚悟をもってその関係に入るのです。

結婚が設ける境界線に守られながら、互いの家族や社会とつながりつつ、安定した関係を築き、そこから秩序と祝福と実りのある愛をあふれさせることによって、夫婦は神の召しに応えます。結婚の境界線と秩序はこのように、神の世界で役に立つものなのです。

学びとディスカッションのための設問

1　結婚においてのみセックスは許されます。このことを、聖書はどのようなことばを使って説明していますか。

2　社会は神が定めた結婚の境界線を、どのようにぼやかしてきましたか。

3　あなたはそのような社会の影響を、家族や友人の間でどのように経験してきましたか。

4　「創造の秩序」とはどんな意味ですか。誰でも、どんな文化でも、独自の「善悪」の基準を作り出せる、という考えとはどう違いますか。

5　箴言五章を読みましょう。結婚の境界線が破られると、どうして不幸が起きるのでしょう。

このような不幸を経験した家族や友人はいますか。

6 箴言六・二〇～三五を読みましょう。破滅につながる嫉妬を経験した家族や友人はいますか。

7 創造において神が制定してくださった結婚は、どのように不安を軽減してくれるのでしょう。

8 どうして夫と妻は別々の家族出身でなくてはいけないのですか。

9 どのような儀式を通して、男女は結婚したと言えるのですか。

10 どうしてその儀式は公に行われなくてはいけないのですか。

11 どうして結婚におけるセックスは安全で神の恵みのもとにあると言えるのですか。

12 どうして結婚は同棲より優れているのでしょう。誰かに同棲より結婚を勧める場合、本書で学んだことはどのような点で参考になりますか。

第七章

Married for God

独身という選択

ジャックは二十二歳。全身全霊をかけて神にお仕えしたいという思いでうずうずしています。怖いほどの情熱にあふれています。ジャックはまた血気盛んな若者でもあります。一日も早くクリスチャンの女性と出会って、結婚する必要を痛感しています。

しかしジャックはある宣教師の話に感銘を受けました。その宣教師は四十五年にわたってパプアニューギニアで活動した、その道の先駆者でした。彼は結婚もせず、現地の部族民との国際交流に生涯をささげたのです。海外宣教が犠牲、困難、そして不屈の努力の賜物だと分かり、ジャックは刺激を受けました。

次の週、教会の二十代ユース・グループでは、Iコリント七章を学びました。全力で神にお仕えしたいと願う人は結婚せず、独身でいるほうが良いとパウロは教えている、という話でした。

リサも宣教師の話とユース・グループでの話の両方を聞きました。それでジャックから、ためらいがちにデートに誘われた時、二人とも後ろめたさを感じていました。神の御心のうち、最善のものではなく二番めに良いものを選ぼうとしている気がしたのです。二人は強く惹《ひ》かれ合っていました。二人とも神が結婚を定めたと分かってはいるのですが、気持ちの整理がつけられません。

＊　＊　＊

ここまで、「神に仕える中でのセックス」について学んできました。この章では「神に仕えるために、セックスをしない」という選択について考えてみましょう。そんな選択肢もあり得るでしょうか？　神に仕えるために敢えてセックスを退けるという姿勢に、キリスト教は敬意を払ってきました。本書の主題は独身ではなく、結婚です。結婚を考えている独身の人、結婚に備えている婚約中の人、自分たちの結婚を神の御心に沿ったものにしたいと願う夫婦のために書かれた本です。ですから、独身についての説明はいらないと思われるかもしれません。

けれども独身者に「もし神への奉仕に集中したいなら、独身でいるほうが良いのではないですか。そうすればより深く神を愛し、仕えられるでしょう。もしそうなら結婚を諦め、より役に立つ独身者として生涯神にお仕えすべきではないでしょうか」と聞かれることがあるのです。

このような考えがいかに新鮮か、現代社会に照らし合わせてみるとよく分かります。セックスもせずに一人前の人間と呼べるかと、社会では考えられています。教会でさえ、独身生活を肯定的に捉えることはほとんどありません。キリスト教の基であられるイエスは結婚せず、最も影響力のある使徒の一人パウロは独身で伝道していたというのに、キリスト教が独身生活を否定的に捉えるなんて何とも皮肉です。

ここではっきりとさせなければならない事実は一つだけです。それは、すべての人に求められている義務と召命は、心を尽くし、精神を尽くし、思いを尽くして神を愛することだ、ということです。子どもであれ、大人であれ、男性であれ、女性であれ、既婚者であれ、独身者であれ、人種、言語、文化も関係ありません。この義に生きよというのが、すべての人間に与えられた唯一の召命なのです。信仰者は神を愛さなくてはなりません。

そうであるならば考えるべき問いはただ一つ、どのように神を愛し、仕えるかです。この点が、結婚か独身かという選択と深く関わっています。結婚と独身でどのような違いが生まれるのか、四つの観点から確認しましょう。

セックスをしても、しなくても

セックスは問題ではありません。私たちはとかくセックスにこだわる社会に生きていますから、この点をまず強調したいと思います。結婚か独身かは、霊の働きとまったく関係がありません。独身だからといって、また結婚したからといって、より霊的であるということにはなりません。旧約聖書の民はカナンの土着宗教との断絶を徹底的に図りましたが、カナン人はセックスには宗教的な意義があると考えていたのです。

司祭やレビ人は結婚するのが一般的でした。ただ、性的過ちに関して疑いの余地さえ生まないために、他の民衆よりやや厳しいルールが課せられている点だけが違いました。使徒の中で結婚していたのはペテロです（マタイ八・一四〜一五）。ほかにもいました（Ⅰコリント九・五）。けれどもそれは、信仰の面では特に重要なことではありません。

カナンの宗教は強制的に行われるセックスを肯定していました。しかしセックスは強制されるものではありません。禁止されてもいないと、パウロがⅠテモテ四・三で明言しています。Ⅰコリント七・一～六では、夫は妻とセックスしないほうがいいという考えに、パウロは真っ向から反対しています。

結婚しようが、独身でいようが、神との関係に少しも影響を与えないのです。

神の家族の中で自分を知り、愛を学ぶ

信仰の深まりにセックスは無関係であることが分かりました。また、セックスだけが人生の充足感を味わい、交わりを深める方法ではありません。神は人間の寂しさを解消するために結婚を設けられたのではなく、結婚を通して、私たちが神と信仰の仲間との交わりを深め、愛を知ることが結婚の目的であると二章で学びました。

もし誰をも受け入れる雰囲気が教会にあれば、独身者が孤独を感じることはありません。「独身」は必ずしも「孤独」ではありません。未婚だからといって、「独り者」として寂しく世界をさすらってはいけないのです。既婚者と同じように、どの独身者も神の家族の温かい輪の中に迎えられるべきです。もし独身者が教会で孤独を感じているなら、独身者も自然に溶け込める温かい交わりと友情を育む場が教会に整っていないのでしょう。友人に食事に招かれるのは夫婦ばかりで、独身者はほとんど招かれないともよく聞きます。そんなふうではあってほしくないもので

す。

セックスに宗教的意義はなく、「私は何者か」という問いに答えを出すものでもありません。ですから夫婦が互いを「ベターハーフ」（訳注・配偶者という意味だが、直訳すると「良い半分」）と呼ぶことには注意が必要です。気軽に使われることばですが、夫や妻がいなければその人は半人前、という考えを助長するものです。それはこの世の考え方です。クリスチャンには、たとえ冗談を言うときでさえ、決してこの世と同調しない覚悟が求められています。

神の国のために敢えて結婚を諦める

「イエスは言われた。『そのことばは、だれもが受け入れられるわけではありません。ただ、それが許されている人だけができるのです。母の胎から独身者として生まれた人たちがいます。また、人から独身者にさせられた人たちもいます。また、天の御国のために、自分から独身者になった人たちもいます。それを受け入れることができる人は、受け入れなさい。』」（マタイ一九・一一～一二）

独身であっても孤独である必要はないと学びました。けれども多くの人にとって、独身は犠牲を伴う喪失であるという事実に変わりはありません。「喪失」ということばを敢えて使ったのには理由があります。聖書は私たちが日常生活の中で感じることを、ありのままに記します。性的欲望は人間にとって自然なものとして聖書では肯定されています。性的欲望によって、人は狂おしいような身体的欲望のみならず、結婚、家庭、家族の恵みに与りたいという願いを持ちます。その願いがかなえられないなら、それは犠牲を伴う喪失となり、非常につらい思いをするでしょう。

イエスはここで、「宦官《かんがん》」という衝撃的なことばを使っています（訳注・英語の聖書ではこの「独身者」と訳されている部分に「宦官」を意味するeunuchということばが使われている）。「母の胎から独身者として生まれた人たちがいます。また、人から独身者にさせられた人たちもいます」（マタイ一九・一二）とイエスは教えます。先天的な身体的・精神的障がいによって結婚できない人がいます。何らかの理由により、独身を余儀なくされる人もいます。その場合は、恐らく成育歴や社会環境に何らかの原因があると考えられます。結婚したいと思う相手が一人も現れない人だっているでしょう。さまざまな理由が考えられますが、いずれにせよ、結婚しない人がいるとイエスは教えるのです。

そしてイエスは三つめの例を紹介します。最初の二例は三例めへの布石で、この三つめこそが本題です（これは旧約の知恵文学に倣った書き方です。五章で引用した箴言三〇・一八でも、三例が本題である四例めの布石になっている表現法を見ました）。

イエスが強調したいのはこの三例めで、これは非常に衝撃的な事例です。先に挙げられた二つの例にも悲しみは伴いますが、やむをえない事情と言えるでしょう。しかしイエスは三つめの本題で、天の国のために敢えて独身を選び、喪失に甘んじる者がいると教えているのです。前述したような性的欲求と恵みを敢えて退ける人がいるというのですから、これは驚くべきことです。

単に「結婚しない者もいる」と言って、もっと穏やかにまとめることもできたでしょう。しかしイエスは、敢えて独身を貫くことに伴う犠牲と苦しみを強調するために「去勢」という恐ろしいイメージを伴う「宦官」ということばを使いました。結婚は素晴らしいものですが、独身者もまた時に必要とされている、というのがイエスのメッセージです。イエスは独身を貫き、身をもってそのことをお示しになりました。

イエスの教えは「それを受け入れることができる人は、受け入れなさい」という一文で終わります。この一文についてよく考えましょう。イエスがここで言っているのは、「結婚を敢えて放棄するという霊的な恵みは一部の人だけに与えられているもので、もし心から納得して結婚を諦められないなら、その人は独身という選択肢には向いていないのかもしれません」ということではないようです。信仰者の場合、真実を「受け入れる」というのは、イエスについての真理を「受け入れる」ことを意味します。信仰者にはできて、この世の人にはできないことです。三例めに込められたイエスの教えを真実として受け入れるという挑戦は、「耳のある者は聞くがよい」と語られた時の挑戦と同じです。どの信仰者も、イエスの教えを真実なものとして受け入れなければなりません。

もし独身でいることを苦もなく簡単に受け入れられるという人がいるのであれば、去勢をイメージさせる宦官ということばは、ここにはそぐわないものだったでしょう。重要なのは、どのクリスチャンも、どんなにつらくても、結婚しないという衝撃的な可能性について、一度は考えなくてはいけないということです。イエスの弟子として生きるなら、何を置いてもまず、イエスとその福音、そして神の国を追い求めるものだからです。

もしあなたが未婚のクリスチャンなら、以上述べたような独身生活を人生の選択肢として考えてみましょう。神の国の進展がいかに火急で大切な問題か、クリスチャンならよく分かっているはずです。

これは独身者のみならず、すべての信仰者が考えるべき問題です。というのも、真の幸福と充足はまだ実現していないからです。イエスの地上での生涯と復活を結んでいるのは十字架です。私たちの地上での歩みと終末における復活の間には、十字架を担い、イエスに従うという弟子としての生活があります。弟子として歩むなら、犠牲を覚悟しなくてはいけません。最も親しい家族を含むほかの誰に対してよりも、イエスに誠実であることこそ、優先されなければなりません（ルカ一四・二六、一八・二九～三〇など）。

セックスをしても、霊的に神に近づいたり、離れたりするわけではないと学びました。けれども神の国の進展のために、敢えて結婚しないクリスチャンがいることをも、いつも心に留めましょう。

結婚すれば人生は複雑になる

独身でいたほうが神への奉仕に集中できるという考えは、Ｉコリント七章のパウロの教えによるのかもしれません。パウロはこの箇所で結婚と独身について丁寧に語っていますが、実際に何を教え、何を教えていないのかをしっかり理解する必要があります。独身でいたほうが神への奉仕に集中できるとパウロが考えていたのか、そうではなかったのかに焦点を当てましょう。

四章ですでに学びましたが、パウロは結婚と結婚におけるセックスを支持しています（Ｉコリント七・一～六）。パウロは禁欲主義者ではありませんでした。禁欲に意味があるとは考えていなかったのです。Ｉコリント七・二～五で学んだように、セックスを敵視していたわけでもありません。パウロ自身が結婚し、妻と死別した可能性もあります（パウロの時代のユダヤ社会では、ラビが結婚するのは当たり前だったからです）。手紙を執筆した当時は独身でしたが（Ｉコリント七・八、九・五）、パウロとて性的誘惑や衝動と無縁だったわけではないでしょう。一般論として、男女は結婚してセックスするのがいいと、パウロは考えていたのです。

独身の賜物とは？

しかし、意外なことにパウロは七節でいきなりこう言っています。「私が願うのは、すべての人が私のように独身であることです。しかし、一人ひとり神から与えられた自分の賜物があるので、人それぞれの生き方があります」。この「賜物」とは一体何を意味するのでしょう。結婚に関する賜物でしょうか、それとも独身に関する賜物でしょうか。

独身でいるのが「楽しい」と思える人が独身として召されていると考えられがちですが、これは間違った捉え方です。「未婚でまったくかまわない。強い性的欲求や結婚に関するその他の願望もない」と言える人のみが独身として召されているのだとよく言われます。けれど、もしそうなら、そのように思わない人はみな、結婚すべきだということになります。

このように賜物を欲求と同じレベルに置くことは、二つの理由で間違っています。一つめの理由ですが、欲求と賜物を同レベルに置いて、結婚の願望がなければ独身の賜物があるとするならば、逆の言い方をすれば結婚の意味はないということになってしまいます。なぜなら、結婚という賜物があるかないかの基準は、結婚して幸せかどうかになるからです。結婚生活に苦しみ、少しも満たされていない人がいるとしましょう。欲求と賜物が同列のものなら、その人は自分には結婚の賜物はないと考え、離婚を決意するでしょう。それは愚かな決断ですし、Ｉコリント七・一〇〜一一の教えにも反することになります。

二つめの理由はこうです。ある人が自分には結婚の賜物があると思っているのに、相手が現れなかった場合はどうなるのでしょう。善と恵みに満ちた神はその人に結婚という「賜物」を与えてくださったのに、実際に結婚させてくださる段取りをすっかり忘れてしまったのでしょうか。このような考え方もまたばかげています。

自分に与えられている「賜物」が何なのかは、非常に簡単に知ることができます。もし結婚しているなら、結婚という賜物を頂いています。もし独身なら、独身の賜物を頂いています。自分を取り巻く環境こそ、神が与えてくださる恵みに満ちた賜物なのです。私たちは、神の御手からそれを受け取る姿勢を学ぶ必要があります。

この本を書く私は今、結婚していますから、神から結婚という賜物を授かったと分かっています。結婚して生きることが神からの賜物だと受け止め、その中で満ち足りる生き方を学ばなければいけません（結婚生活が難しいと思える時でもです）。妻と死別すれば、結婚は終わります。もしそうなったなら、妻を亡くした深い悲しみの中で、独身という新しい身分を、これもまた神の恵み深い賜物と受け入れ、その中で満ち足りることを学ばなければなりません。それは、独身という状態に満足するのが難しいと思っている人と同じように、私にとっても困難な挑戦となるでしょう。

「一度賜物をいただいたら、その賜物はずっと私のもの」と思うのはやめましょう。決してそうではありません。誰にでも生まれて二十年から三十年、独身という賜物が与えられています。私たちの半数は伴侶に先立たれ、独身という賜物を頂いて人生を終えるでしょう。多くの人は、その二つの期間の間に結婚という賜物を与えられますが、与えられない人もいます。しかし人生のどんな局面もすべて神の恵みであり、その状態に満足することを学ばなくてはいけません。

結婚してセックスしよう

「結婚していない人とやもめに言います。私のようにしていられるなら、それが良いのです。しかし、自制することができないなら、結婚しなさい。欲情に燃えるより、結婚するほうがよいからです」（Ｉコリント七・八〜九）

パウロ自身が独身であることに充足感を見出そうと努力しつつ、八〜九節では「結婚していない人」と「やもめ」に語りかけます（「結婚していない人」は恐らく、伴侶と死別した男性と考えられます）。パウロは「私のようにしていられるなら、それが良い」と言っています。しかし自制できないなら、結婚するのが良いと勧めます。「欲情に燃えるより、結婚するほうがよいからです」。

私たちにはいつでも自制が求められます。結婚が設ける境界線を無視したセックスはどれも間違っていて、私たちに悪影響をもたらします。どの信仰者も心身の純潔を守り抜くために戦えと教えられています。結婚を無視したセックスでも許される場合があるとは、パウロは言っていません。もし結婚できるなら（もちろんその機会がないことも多いのですが）、クリスチャンには結婚する自由があるし、特に性的欲求が強い場合はそうするのが賢明だろう、というのがパウロの主張です。

もしパウロがそう主張するならば（そしてそれが理にかなった主張なら）、そもそもどうして独身に言及するのかと問いたくなります。独身について考える必要などないのではないでしょうか。だってすぐにでも結婚すべきなんでしょう？

独身でいるのが良い、もしくは伴侶と死別したら再婚しないほうがいいのは、そのほうが霊性の深まりを期待できるからではありません。独身でいるほうが、人生をシンプルに生きられるからです。これについて詳しく見ていきましょう。

一〇～一六節では離婚について取り上げられていますが、本書の主題ではありませんので解説は控えます。一七～二四節では結婚していてもいなくても、神が召してくださった環境に満足して生きなさいと教えられています。パウロは経験豊かな牧師ですから、不満を抱き続けることで、どれだけ心がかき乱されるかを熟知しています。そうなると人は新たな環境を求め、それを変えることができさえすれば神にもっと近づけるのに、とさえ思い始めます。そうではないと、パウロは教えています。置かれた状況についてあれこれ考えるのではなく、その環境に満足して生きることを学びなさい、というのがパウロの教えです。そして、結婚するか否かによって霊的生活に変化が生じるとは考えるな、ともパウロは教えています。

二五～三一節でパウロは未婚の人に語りかけます。この箇所で問われるのは、婚約している人は結婚を決断すべきか否かです。矛盾をはらんだ問いです。

パウロがここで言っているのは、「私たちは終末の時代を生きているので、この世界にあまり強く執着すべきではない」ということのようです。二六節に「差し迫っている危機」とあります。

飢饉《ききん》など、当時のコリントが直面していた問題を指しているのかもしれませんし、もっと広い意味で（私たちも今生きている）終末の時代を指しているのかもしれません。この危機ゆえに、結婚すれば（そして子どもを授かれば）、人生は大変なものになるとパウロは指摘します。

信徒に心を配る牧師として、その困難の中に安易に飛び込んでいかないようにとパウロは教えているのです。八節の「良い」ということばが二六節でも繰り返されます。パウロは八節で「私のようにしていられるなら、それが良い」と書いていますが、独りでいれば霊性が高まり、より神に近づけるからではありません。独身でいればその人に益となることがあるからです。独身であることが、神のためではなく、その人にとっていいかもしれないとパウロは言っているのです。ここには次に述べるようなパウロの牧会的な配慮があります。

結婚は思い煩いを生む

「あなたがたが思い煩わないように、と私は願います。独身の男は、どうすれば主に喜ばれるかと、主のことに**心を配り**ます。しかし、結婚した男は、どうすれば妻に喜ばれるかと世のことに**心を配り**、心が分かれるのです。独身の女や未婚の女は、身も心も聖なるものになろうとして、主のことに**心を配り**ますが、結婚した女は、どうすれば夫に喜ばれるかと、世のことに**心を配り**ます。私がこう言うのは、あなたがた自身の益のためです。あなたがたを束縛しようとしているのではありません。むしろ、あなたがたが品位ある生活を送って、ひたすら主に奉仕できるよう

になるためです」（Ⅰコリント七・三二〜三五　太字は著者による強調）

三二〜三五節は大切な教えですが、誤解されやすい箇所でもありますので、慎重に学びを進めましょう。ここでのパウロの教えは、三二節「あなたがたが思い煩わないように」という一文で始まり、三五節の「あなたがた自身の益のためで……束縛しようとしているのではありません」という文章で締めくくられています。パウロは霊性についての原則を教えようとしているのではなく、牧師として、信徒を思い煩いから解放するための実際的指導を与えようとしているのです。「心を配る」ということばが繰り返されます。コリントの信徒、そして現代を生きる私たちを鼓舞し、「ひたすら主に奉仕できるように」（三五節）することがパウロの狙いです。

パウロはここで、両立しない事柄の間で板挟みになっている誠実なクリスチャンのために心を砕いています。私たちは朝起きて「今日は何をするんだっけ？」と考えます。年老いた親の介護、育児、家事……。畑仕事もあるかもしれません（箴言二四・三〇〜三一に出てくる「怠け者の畑」のようにならないために）。家計のやり繰り、友達とのつき合い、仕事の責任、教会での奉仕もあります。思い煩って当然です。クリスチャンが誠実であればあるほど、思い煩いも増えていきます。自分のためだけに生きているなら、板挟みになることはありません。けれども課せられた責任に誠実であろうとすれば板挟みになり、ストレスにさらされます。

パウロがここで「思い煩わないでほしい」と言う時、彼が念頭に置いているのは「結婚するか、しないか」という選択です。この問いに焦点を当てるため、パウロは要点をうまくまとめ、核心に迫ります。男女それぞれに対して既婚者と独身者の違いが同じように繰り返し話されたのは、それだけ強調したいというパウロの思いの表れです。

一、独身の男は、どうすれば主に喜ばれるかと、主のことに心を配ります。
二、結婚している男は、どうすれば妻に喜ばれるかと、世のことに心を配り、心が分かれてしまいます。
三、独身の女や婚約中の未婚者は、身も心も聖なるものになろうとして、主のことに心を配ります。
四、結婚している女は、どうすれば夫に喜ばれるかと、世のことに心を配ります。

一見すると、パウロは世のことに心を配る既婚者を非難しているようです。けれどもそうであるはずがありません。もし結婚すると必ず、全力で神にお仕えすることが不可能になってしまうなら、つまり「ひたすら主に奉仕」できないなら、結婚は罪であるという結論しか引き出せません。そうであれば、当然結婚すべきではありません（Ⅰコリント七・二で結婚を支持するパウロのことばも成立しません）。ですからパウロが既婚者を非難しているとは考えられません。

ここで、聖書の基本中の基本をおさらいしましょう。イエスは神の律法を次のように要約されました。

「イエスは彼に言われた。『「あなたは心を尽くし、いのちを尽くし、知性を尽くして、あなたの神、主を愛しなさい。」これが、重要な第一の戒めです。「あなたの隣人を自分自身のように愛しなさい」という第二の戒めも、それと同じように重要です』」（マタイ二二・三七〜三九）

この二つの戒めの両立は無理だと、私たちはしばしば思ってしまいます。まるでイエスが、取れるはずのないバランスを取りなさいと教えているようです。一方でひたすら主に奉仕せよと教え、他方では隣人を心から愛することをも忘れるなと言われるのですから。神を愛するという信仰者としての義務を全うし、なおかつ、隣人を愛するという社会的、道徳的義務も欠かさないようにと言われても、そんな両立はどうしたって無理だと思えるかもしれません。

そうではなく、大切な戒めはただ一つだとイエスは教えているのです。二つめの戒めは、一つめの戒めを日常生活で実践することにすぎません。神への愛の表れとして、神が出会わせてくださった隣人を愛するのです。隣人への愛は、神への愛と張り合うものではなく神への愛を表わすものなのです。

とりわけ既婚者にとっては、伴侶を愛することはそのまま、神への愛の表現となります。伴侶を愛しても、神への愛は阻まれません。私を愛する神は、私が伴侶を愛することを求めておられるからです。ですからどうしたら妻は喜んでくれるだろうという夫の思い煩いが神に背くことであるわけがないのです。むしろ、「妻を愛しなさい」とエペソ五・二五ではっきり教えられています。そして、どうしたら夫は喜んでくれるかを巡って思い煩う妻に対してもテトス二・四ではっきり、愛するようにと書かれています。ですからパウロが言う「世のこと」が悪いこととは思えません。この箇所で挙げられる思い煩いはすべて神の目にかなっています。神の御旨に従いたいという願いから生まれるものなのですから。

さらに、独身の男女もまた、世捨て人のように「ひたすら主に奉仕する」ことはできないとも教えられています。年老いた親、困っている隣人、仕事の責任などがあることは独身者も同じだからです。ですからパウロは的を絞って教えます（二九～三一節でも同じように教えています）。結婚するまでの人生も充分複雑だったでしょう。けれども結婚したら、「さらに」複雑になるとパウロは強調したいのです。さらに複雑になることが良いか悪いか、という話ではありません。結婚は確実にあなたの人生に変化をもたらすから、そのことをしっかり頭に入れて、備えなさいとパウロは伝えたいのです。

結婚によって確かに人生は複雑になります。この点について数年前、ある会議での講演を頼まれました。講演の準備を進める中、妻の最愛の母が亡くなったのです。急きょ妻が留守となり、私は四人の幼子の世話、学校への送り迎えに奔走しました。ちょうど「スポーツ・デイズ」（訳注・イギリスにおける「体育の日」のようなもので、この時期、学校や企業、教会などが主催する体育祭が行われる）と重なった時期だったので、牧師館の庭で行われる百九十人の昼食会のためにさまざまなスポーツチームが牧師館を出入りしていました。それに加えて、牧師としての通常の仕事ももちろんありました。

これでは講演の準備が終わらないと焦り、ある晩は朝五時に目覚まし時計をセットしました。しかし夜中の三時に大嵐に見舞われ、怖がった六歳の娘が私のベッドにもぐりこんできました。二時間ほど添い寝をしましたが、その間に娘は三回も吐いてしまいました。私は、すべての責任を果たせるかと心配でなりませんでした。結婚しなければ、これらの心配のほとんどは、しないですんだものでした（しかし独身であっても、百九十人を招いての昼食会を企画しただろうと、敢えて言わせてください！）。

また、前任地の教会で出会った方で三人の子どもを持つ母親は、ある就職面接でこう聞かれたと言います。「複数の仕事を同時にこなせますか」。その方は我慢して、そんなばかげた質問をする面接官（男性！）に言い返したりはしなかっただろうと思います。けれども心の中で「家ではいつだって複数の仕事をこなしているわよ！　それが私の人生よ！」と思ったであろうことは想像に難くありません。

パウロの教えをまとめましょう。結婚することは、神に奉仕するうえで良くも悪くもありませんが、結婚すれば、人生は非常に複雑になるとパウロは強調したいのです。道徳的義務も、神を愛する愛し方も多様になり、「心が分かれる」のです。しかしそれは悪いことではありません。

ただし、人生が複雑になる分だけ、ストレスも増えるでしょう。結婚したら伴侶を愛するだけではなく、伴侶の家族との関係にも配慮が必要になります。もし子どもを授かったら、その子ども（そして恐らく孫）への責任は一生続きます。

これらすべての事柄は神の御旨にかなっています。どれ一つとして神に背くものではありません。どの事柄も「神に仕える中でのセックス」と同じ精神です。しかし結婚すれば、神に奉仕する姿勢にはどうしても変化が生まれます。時計の針を戻して、別の方法を選ぶことはできません。パウロはこの箇所で、結婚を考えている人たちに語りかけています。こういったことをはっきり認識したうえで結婚するように、人生は必ずやさらに複雑になるのだからと、牧師として愛をもって警告しているのです。複雑さのゆえにひたすら神にお仕えするのが難しいと思うかもしれません。けれども感謝すべきことに、私たちはそれでも、ひたすら神にお仕えすることができるのです。

結婚か独身かを選ぶ自由

「ある人が、自分の婚約者に対して品位を欠いたふるまいをしていると思ったら、また、その婚約者が婚期を過ぎようとしていて、結婚すべきだと思うなら、望んでいるとおりにしなさい。罪を犯すわけではありません。二人は結婚しなさい。しかし、心のうちに固く決意し、強いられてではなく、自分の思いを制して、婚約者をそのままにしておこうと自分の心で決意するなら、それは立派なふるまいです。ですから、婚約者と結婚する人は良いことをしており、結婚しない人はもっと良いことをしているのです」（Ⅰコリント七・三六～三八）

三六～三八節でパウロは、結婚についてクリスチャンに与えられた自由を力強く擁護します。この箇所にはいくつか分かりにくい点もありますが、ここでは教えの核心だけを書きましょう。

パウロは、「自分で選びなさい。どうするかを自分の心に聞いて、決めなさい。結婚するのは良いことでしょう。けれども独身でいれば、結婚による思い煩いやストレスはないのだから、ある意味ではそのほうがもっと良いでしょう」と教えています。パウロは霊的な意味で「もっと良い」と言っているのではありません。独身でいればもっと良いクリスチャンになるわけでも、信仰が深まるわけでもありません。結婚して起こる問題がなければ、「あなたにとって」もっと良いでしょう、とパウロは言っているのです。

けれども結婚するかしないかの選択は、あなた一人にかかっています。誰かにああしろ、こうしろと言われる事柄ではありません。牧師が結婚についてあれこれ口を出す教会は、だからお勧めできないのです。

まとめ――独身と奉仕

独身でいれば、神への奉仕により集中できるでしょうか。大方の人にとって答えは「否」です。結婚か独身かは、優劣の問題ではありません。けれども奉仕のしかたにははっきりと違いがあります。結婚すれば、神への仕え方に変化が起こります。「神に仕える中でのセックス」に取り組むことになり、この親密さの中から育まれる奉仕があるからです。キリストが教会に示された愛をお手本に、信仰に根ざした関係を伴侶との間に築くことに全力を尽くすことになります。神の愛はあなたのその奉仕を通して、他者へとあふれ出します。もし神の恵みにより子どもを授かったら、その子の成長と信仰者としての歩みのために全力を注ぎます。どれ一つとして簡単なことではありません。

ですから、独身者でなければできない奉仕というものもあります。それらの奉仕も必要で、誰かがやらなければいけないものです。例えば、頻繁に、あるいは長期間家を空ける宣教師や、異文化世界における宣教活動の開拓者たちなどを挙げられるでしょう。

敢えて独身生活を選ぶならば、結婚、セックス、家族を諦めなくてはいけません。その犠牲は大きく、苦しいものです。にもかかわらず独身を選んだ人たち、いかなる理由であれ、独身という道を選ばざるを得なかった人たちに敬意を表し、祈りましょう。性的な誘惑に負けませんように、独身者として充実した人生を送れますようにと祈りましょう。そして私たちもまた、結婚の境界線を越えることがないように性的に自制し、充実した結婚生活が送れるように彼らに祈ってもらう必要があります。どれも容易なことではないからです。

結婚するかしないかの選択は、クリスチャンの自由の問題です。その選択を決して人に任せてはいけません。もしあなたがクリスチャンで、結婚したいと願う相手が同じ信仰に立ち、相手もまたあなたとの結婚を望んでいるなら、あなたには結婚する自由があります。繰り返しますが、そのことによって神に近づくことも遠ざかることもありません。その選択によって神により良く仕えるようにもならなければ、仕えなくなることもありません。しかしどちらを選択するかによって、仕え方には明確な違いが生まれることを覚えておきましょう。

学びとディスカッションのための設問

1　あなたの周りに独身者としてお手本になるような人たちはいますか。
　a　その人たちからどんなことを学んできましたか。
　b　その人たちはどのように神にお仕えしていますか。
　c　結婚したら、その人たちの奉仕にどのような変化が生まれるでしょう。どんな奉仕が難しく、また不可能になるでしょう。特に子どもを授かった場合について考えてみましょう。

2　あなたの周りで最も素晴らしい結婚生活を送っている夫婦について、1のa～cに沿って考えてみましょう。

3　a　セックスする相手のいない人を、社会はどのように見ているでしょう。
b　教会は時に独身者にどのように接しているでしょう。
c　独身者との交わりを深めるために、既婚者に求められていることは何ですか。

4　独身という選択は、どのような意味で犠牲を伴うのでしょう。
a　セックスについて考えてみましょう。この社会ではどのような犠牲が考えられるでしょう。
b　人との交わりについて考えてみましょう。職場や教会ではどのような犠牲が考えられますか。
c　家族という観点からも考えてみましょう。

5　神の国のために、犠牲を覚悟で独身生活を選ぶ人が必要なのはなぜですか。

6

a　独身生活を神からの賜物として受け取るとは、どういう意味ですか。
b　このことについて、どんな間違った解釈があり得るでしょうか。
c　もしあなたが結婚しているなら、独身の賜物について理解することで、独身者に対する態度にどんな変化が生まれると思いますか。

7

結婚を神からの賜物として受け取るとは、どういう意味ですか。

8

a　パウロが結婚を勧めるのにはどんな理由がありますか。
b　パウロが独身を勧めるのにはどんな理由がありますか。

9

a　結婚すると、人生はどうしてより複雑になるのですか。
b　どうして結婚しても、ひたすらに（心が分かれることなく）神に仕え続けることができるのですか。
c　どうして独身でも、ひたすらに（心が分かれることなく）神に仕え続けることができるのですか。

10

あなたの人生について、また、あなたの周りにいる夫婦や独身者の人生について具体的に考えてみましょう。

a　結婚するかしないかの選択をする際、クリスチャンの自由は教会でどのように守られなくてはいけませんか。

b　牧師の導きはどんな場合にアドバイスを越えて無理強いとなるでしょうか。

第八章

Married for God

結婚の本質

カールは大きな過ちを犯しました。サリーと結婚したのは五年前。結婚して一年ほどはこれといって問題はありませんでした。しかしその後、妻とは合わないことがはっきりしてきました。コミュニケーションが取れないのです。小競り合いが続きました。つい先日も、妻と大喧嘩をしたばかりです。家に帰るのが嫌になり、できる限り帰宅時間を遅らせるようになってしまいました。

先週、カールは結婚について書かれたキリスト教の本を手にしました。その本には、独身者がどんな相手を選べばいいか参考にできるように、タイプ別に良い点と悪い点が書いてありました。それを読み、自分とサリーの相性は最悪だとカールは痛感しました。結婚する前にこの本を読んでいれば、サリーとは決して結婚しませんでした。何という過ちを犯してしまったのでしょう。カールはいよいよ追い詰められました。クリスチャンの自分が離婚すると言ったら、教会は反対するでしょう。

でもどうしたらいいのでしょう。「結婚は愛そのものなんだろう?」カールは自問します。一度はサリーを愛しましたが、もう愛してはいません。今さら何か策があるとは思えません。「悲しいけど、よくあることさ」。彼は離婚についてどう牧師に説明しようかと考え始めました。

＊　＊　＊

結婚の中心にあるのは誠実さ

結婚の中心には、全世界の中心があります。大げさだと思われるかもしれませんが、どうぞこのまま読み進めてください。本書がおもに扱ってきたのは「なぜ？」という問いです。セックスと結婚の目的を「神に仕える中でのセックス」という観点から学んできました。「神に仕える中でのセックス」に注目することで、結婚とは「何か」が少しずつ分かってきました。結婚という制度には境界線があり、十字架のかたちをしています。その境界線がどんなに優れているかを学ぶだけでは不充分です。それではお堀や城壁の周りを歩いているだけで、城そのものの素晴らしさを堪能しないのと同じです。この場合、その城とは誠実さです。

結婚の中心にあるのは誠実さです。「愛」というより、誠実さと呼ぶのが良いでしょう。社会が広く使う「愛」ということばには、時に優柔不断という意味合いが含まれるからです。「愛」が単なるハートマークやロマンスを表すだけで深みのない場合もあります。責任を伴う関係ではなく、感情や欲望を表すために「愛」ということばを使うこともよくあります。ですから誠実ということばを使いましょう。もしくは、「誠実な愛」です。あるいは、旧約聖書では契約を結ぶ神の愛を表わすために用いられたことばで、「変わらない愛」です。この愛は出エジプト記三四・六に鮮やかに記されています。

「主、主は、あわれみ深く、情け深い神。怒るのに遅く、恵みとまことに富み……」(出エジプト三四・六)

契約の民が不信仰に陥った時代に、モーセはこの神の宣言を聞きました。聖書の中でこれほど神を的確に捉えた箇所はほかにありません。この誠実で不変の愛が結婚の中心であり、全世界の中心でもあるのです。誠実で、情熱をもって愛される神は、その愛を結婚に注ぐようにと私たちを招いておられます。

この愛は「恋に落ちる(そして恋に冷める)」こととはほとんど関係ありません。「恋に落ちる」や「恋に冷める」といった表現は広く使われています。教会の中でさえうんざりするほど耳にします。

以下に紹介するのは、あるクリスチャン団体が主催する結婚カウンセリング講座の広告です。

〈恋に落ちて関係は始まります。恋が冷めれば関係は終わります。関係の中心にある愛は、よく理解されていません。このコースでは相手を愛し、あなたに必要な愛を受け取ることを学びましょう。そうすればあなたのロマンスはいつまでも続くはずです〉

より信仰に焦点が当てられれば、以下のような広告になるかもしれません。

〈「結婚」は「生涯にわたって相手に対して誠実でいる」と公に誓約して始まります。伴侶が亡くなれば結婚は終わりです。結婚の中心にあるのは「誠実」ですが、よく理解されていません。相手に対して誠実であるとは一体どういうことか、この講座で学びましょう。良い時も悪い時も、あなたがどんな気持ちであろうとも、誠実に伴侶を愛することを学びましょう。そうすればあなたの誠実さはいつまでも続くはずです〉

このうたい文句なら現代の世相ではなく、聖書の教えをよく反映しています。

神によって一体とされる

「すると、パリサイ人たちがやって来て、イエスを試みるために、夫が妻を離縁することは律法にかなっているかどうかと質問した。イエスは答えられた。『モーセはあなたがたに何と命じていますか。』彼らは言った。『モーセは、離縁状を書いて妻を離縁することを許しました。』イエスは言われた。『モーセは、あなたがたの心が頑ななので、この戒めをあなたがたに書いたのです。しかし、創造のはじめから、神は彼らを男と女に造られました。「それゆえ、男は父と母を離れ、その妻と結ばれ、ふたりは一体となる」のです。ですから、彼らはもはやふたりではは

なく、一体なのです。こういうわけで、神が結び合わせたものを、人が引き離してはなりません。』」（マルコ一〇・二～九）

誠実さの中心にあるものを、聖書は二つの重要な側面から教えています。まず創世記が、結婚において「二人は一体」になると教えます。そしてイエスがそれは「二人は神が結び合わせてくださった」ということだと教えます。これはイエスがマルコ一〇章及び一九章で離婚について聞かれた際の答えであり、結婚についての教えの総まとめです。創世記二・二四を引用しながら、イエスはこう言われました。「『それゆえ、男は父と母を離れ、その妻と結ばれ、ふたりは一体となる』のです。ですから、彼らはもはやふたりではなく、一体なのです。こういうわけで、神が結び合わせたものを、人が引き離してはなりません」（マルコ一〇・七～九）。夫と妻は親から独立し、家族となります。これは、「互いへの忠誠を守る」、「しっかり結びつく」ことを意味し、情熱と永続性を兼ね備えています。こうして神に結び合わされた二人は一体となるのです。

神が結ぶ結婚

公式に誓約を交わした結婚は、どれも例外なく神が結んでくださったものです。教会で式を挙げたか、挙げなかったかは問題ではありません。キリスト教文化の中に生きているか、いないかさえ問題ではありません。建物としての教会、牧師、キリスト教文化のどれも結婚の本質とは無関係だからです。

聖書は結婚式や披露宴の形式に関心がありません。創世記二四・六七には「イサクは、その母サラ（すでに亡くなっていた）の天幕にリベカを連れて行き、リベカを迎えて妻とし」とありますが、これはイサクとリベカの結婚の場合です。ヤコブがレアと結婚した際には祝宴が開かれましたが、ヤコブは翌朝になるまで、結婚相手をしっかり見ることはできなかったようです（創世記二九・二二〜二五）。カナの婚礼（ヨハネ二章）は、その前にシナゴーグで挙式があったわけではありません。婚礼そのものが結婚式であり、恐らくここで誓約も交わされたでしょう。

このように二人が公に誓約を交わす時、神が二人を結び合わせます。キリスト教以外の宗教でも、無宗教でも同じです。私たちが共感できる結婚も、そうでない結婚もあるでしょう。打算的な結婚もあるかもしれません。いずれにせよ、誓約が公に交わされるならば、それは神が結び合わせてくださる結婚です。

この点がとても大切です。「神が結ぶ結婚」は夫婦の関係が深まるにつれて、徐々に整っていくものではありません。条件が整えば自然に乾いていく接着剤ではないのです。もし結婚がそういうものなら、マルコ一〇章のイエスのことばを「あなたたちの結婚は神が結ぶものになるかもしれないし、なれないかもしれません。なれるといいですね。でもどうなるかは誰にも分かりません」と言い換えなければなりません。このような考えが愚かであり、間違っていることは誰にでも分かるでしょう。

もし神に結び合わせられるということが徐々に進展していくことだと考えるなら、イエスの教えを理解していないことになります。イエスはこの箇所でパリサイ派と話しています。彼らは、離婚は結婚を終わらせる簡単で合法的な方法だと考えていました。離婚しても律法に反してはおらず、ラビとしての名声も保てると考えていたのです。イエスはパリサイ派、そして私たちに挑み、結婚は神が結ぶものだから、離婚は許されないと反論します。イエスは離婚を何とかして食い止めたいのです。

結婚がうまくいっているかいないかで、神が結び合わせてくださったかどうかが分かるとしたら、「自分の結婚はうまくいかないから神に結び合わせられたものではなかった。離婚するしかない」と言うのは簡単でしょう。これではイエスの教えは無意味になります。繰り返しますが、公に誓約を交わした結婚はすべて神が結び合わせてくださったのです。

「二人は一体となる」――新しい家族となる

神が結び合わせてくださることを創世記は「一体となる」と表現しています。この結婚の定義をイエスも支持し、パウロも引用しています（エペソ五・三一）。「一体となる」とはどういう意味でしょうか？　それは互いに誠実で、夫と妻二人だけの性的な関係を軸に築かれる、新しい家族単位を指しています。他者を「骨肉」と呼ぶのは、通常、親しい家族に向ける表現です（創世記二九・一四）。結婚によって生まれる新しい家族に、神が創造なさった世界に仕える家族となってほしいというのが、神がセックスに託す目的です。だからこそパウロはコリント人に向けて遊女と交わってはいけないと諭しました（Ⅰコリント六・一二～二〇）。というのも遊女と交わるなら、神が意図なさった方法で、二人は新しい家族になるからです。けれども家庭を築きたいと思って、遊女と交わる人はいないでしょう。つまり神が定められた目的とはまったく異なる目的でセックスを求めているわけですが、それはしてはいけないことです。

このように、「一体となる」には、単にセックスをすること以上の意味があります。だからといって逆の意味で極論に走ってはいけません。「一体となる」を強い精神的なつながりと理解する人たちがいます（「個人と個人を結ぶ完全な関係」と呼ばれることもあります）。結婚はもちろん個人的なつながりを指し、単に動物的な欲求を満たすためにあるのではありません。けれども結婚が「すべてにおいて」、もしくは「完全な」個人と個人の結びつきだと考えるなら、失望は免れないでしょう。性をめぐる夫婦の葛藤、つまり期待したほど相手を理解することができないという感覚について、詩人も作家も書いています。

けれども幸いなことに「一体となる」とはそのような完全な理解や結びつきを意味していません。もし結婚において、夫と妻が「個人と個人を結ぶ完全な関係」を得られると思うなら、その結婚は重荷となります。自分たちの結婚がそのような関係とはかけ離れていると思うたびに（そして正直なところ、どの人もそう思うことがしばしばあるでしょうが）、結婚がうまくいっていないと心配になってしまいます。けれども「一体となる」とは何も実現不可能で、あり得ないような関係を指しているのではありません。このような誤った、非現実的な期待を手放しましょう。「一体となる」とはシンプルに新しい家族を意味するのです。

神が結び合わせたものを、人が引き離してはならない

「一体となる」という事実に関して重要なことは、二人は神が結び合わせたものだから、人が引き離すことは許されないということだとイエスは教えています。ですから、教会で行われる結婚式で「神が結び合わせたものを、人が引き離してはならない」という聖句が読まれるのはとても大切なことです。子どもが作る飛行機の模型を思い出すといいかもしれません。各パーツをのりづけし、ほめてもらおうとテーブルの上に置きます。それなのに性格の悪い兄や妹がいじわるにも飛行機を床に投げ、壊してしまいます。結婚を壊すとは、このようなことです。神が実現させようとしている美しい関係を粉々にしてしまうのです。

神が結び合わせたものを人間が壊してしまうということは、残念ながら起こり得ます。そのような行為さえ人間にお許しになるのは、神が驚くほど謙遜であられることの表われだと言えるでしょう。Ⅰコリント三・一六～一七でパウロは、コリントの教会を「神の宮」、つまり「神の建設事業」だと言っています。そして、真実に刃向かうことによって神の宮を「壊す」者がいるとパウロは言います。壊せないとは言いません。けれどももし壊すのなら、神と敵対することになると忠告しています（「だれかが神の宮を壊すなら、神がその人を滅ぼされます」）。同じように、神が結ばれる結婚を壊すこともできます。けれどももし壊すのなら、神を敵に回すことになります。神が結び合わせたものを、人は引き離してはいけないとイエスは言っています。これは赦されない罪ではないでしょう。けれども重罪です。誰かの結婚を壊そうとしている人は、悔い改め、主なるイエス・キリストだけが与えてくださる赦しに与る必要があります。

夫も妻も自分たちの結婚を壊すようなことはしてはなりません。自分のキャリア、楽しみ、個人的な願望や欲求を、結婚より優先することはできないのです。もしそうするなら、神を敵に回すことになります。むしろ、結婚を豊かなものにし、実らせるために最善を尽くさなくてはいけないのです。結婚は神が定めた関係なのですから。

この教えは親にとっても大切です。子どもに過干渉して、夫婦としての成長、そして家庭を築く邪魔をしてはいけません。子は結婚して、親から完全に独立したことをわきまえなければなりません。もちろん子の親に対する愛情や尊敬に変わりはありませんし、老後の面倒もみてくれるでしょう。けれども子が結婚し、育った家と親を離れたら、その子の一番の家族は伴侶になります。親の介入により多くの結婚が破綻に追い込まれてきました。あってはならないことです。子の結婚に親が必要以上に介入して壊すなら、神を敵に回すことになります。

職場の上司にも同じことが言えます。部下の結婚を損なうようなことをしてはいけません。職場で既婚者の部下にちょっかいを出したり、思わせぶりな態度を取ったりする上司がいます。不必要な過剰労働を課す上司もいるかもしれません。そういったことが執拗に繰り返されれば、結婚は徐々に悪影響を受け、最終的には破綻してしまいます。私のある友人は、仕事で成功したいなら、結婚ではなく仕事を優先しろと上司にはっきり言われたと言います。彼は転職しましたが、正しい決断だったと思います。このように権力を乱用する上司もまた、神を敵に回しているのです。

結婚とは、神の前で交わす契約

「あなたがたはもう一つのことをしている。あなたがたは、涙と悲鳴と嘆きで、主の祭壇をおおっている。主が、もうささげ物を顧みず、あなたがたの手からそれを喜んで受け取られないからだ。『それはなぜなのか』とあなたがたは言う。それは主が、あなたとあなたの若いときの妻との証人であり、あなたがその妻を裏切ったからだ。彼女はあなたの伴侶であり、あなたの契約の妻であるのに」（マラキ書二・一三〜一四）

結婚の中心が誠実さであることの二つめの理由を考えてみましょう。結婚は神の前で交わす契約だと聖書が教えていることです。マラキ書から学びましょう。

マラキが活躍したのはイエスが誕生する約四世紀前のことです。イスラエルの民が生活全般において利己的で、神に対して不誠実だった時代です。よくあることですが、神に対して不誠実な民は、結婚に対しても不誠実でした。一三節で民は、神が自分たちのささげものに見向きもしないと、不平を言います（一三節）。マラキはそれに対して、「主が、あなたとあなたの若いときの妻との証人であり、あなたがその妻を裏切ったからだ」（一四節）と答えます。「若いときの妻」という表現は箴言五・一八「若いときからの妻と喜び楽しめ」を思い出させます。この妻は、彼に結びつけられた彼の友であり、生涯を共にする伴侶です。契約を交わしたということは、互いの意思でその関係を選んだことを意味します。親子や兄弟のように、選べない関係とは性質が異なります。契約には義務が伴います。約束を交わしてそれを守る責任が生じるのです。結婚の場合もそれとまったく同じです。

この教えには私たちに対する聖書の挑戦と警告が含まれています。神は契約の第三者ではなく、証人です。神が証人なのですから、その場にいた人がどれだけ少なかったとしても、それは問題ではありません。交わした契約に誠実であることを、神は夫にも妻にも同じように求めます。契約は神の許しのもとに結ばれました。ですからもしそれを反故《ほご》にするなら、私たちは神に対する責任を問われます。

創世記三一・五〇には、契約についてこれと同じ概念が見られます。ラバンは甥ヤコブとある契約を交わし、こう言います。「たとえ、だれもわれわれとともにいなくても、見よ、神が私とあなたの間の証人である」。彼は「この契約を破るなど夢想だにするな。破れば神はおまえを罰するだろう」と言っているのです。結婚も同じです。結婚の契約は神の権威によって初めて成立するからです（これは教会での結婚のみならず、誓約を交わしたすべての結婚に言えることです)。

マラキの時代、神が民の祈りに耳を傾けなかったのは、結婚の契約を破った責任を問うておられたからです。愛情がなくなったから、あるいは気持ちが覚めてしまったから「離婚するしかなかった」と正当化しても、神は納得なさらなかったでしょう。結婚の中心にあるのが約束への誠実さなら、恋愛感情の浮き沈みは関係ないのです。

神は結婚を非常に重んじられます。結婚の契約は、神がご自分の民と結婚する時に交わす契約と同じだからです。エゼキエル書一六・八において、聖なる夫である神は妻であるイスラエルにこう呼びかけます。「わたしはあなたに誓って、あなたと契りを結んだ……あなたはわたしのものとなった」。神は契約に誠実なお方です。そして私たちにも、同じように誠実であれと、呼びかけておられます。

たった一人の伴侶

「姦淫してはならない」(出エジプト記二〇・一四)

結婚は神という証人の前で交わす契約であり、神が結び合わせてくださる関係です。ですから結婚の中心には、生涯にわたって第三者にこの関係を邪魔させない誠実さが求められます。十戒の第七戒は姦淫を禁じていますが(出エジプト記二〇・一四)、聖書は旧新約一貫して、これを非常に深刻な罪だと宣告しています（マタイ五・二七〜二八など）。第七戒があることで、結婚と友情の間に区別が生まれます。友人ならば、多ければ多いほど嬉しいものでしょう。けれども性的な関係については、相手はただ一人です。結婚相手以外の人とセックスするなら、姦淫の罪を犯すことになります。

姦淫はどうして重罪なのでしょうか。もしあなたが幸せな婚約もしくは結婚をしているなら、姦淫について学ぶことに何の意味があるのかと思われるかもしれません。自分が姦淫の罪に誘惑を感じることすら想像できないかもしれません。けれどもどうぞ読み進めてください。間違いを犯すわけがないと思う人ほど注意が必要です（Ⅰコリント一〇・一二）。

姦淫したいという誘惑を、今はまったく感じないかもしれません。けれども将来は分かりません。同じ町内に住む人、友人、同僚などの中にあなたの心をときめかせる人が現れるでしょう。そんな人が現れたらあなたは妄想にふけり、聖書の教えは厳しすぎるのではと思い始めるはずです。姦淫とは本当にそこまで悪いものなのでしょうか？　悪いものなのです。その理由を六つ挙げることができます。姦淫の恐ろしさを、本章でしっかり学びましょう。

姦淫は重罪――六つの理由

誓約に背く

「姦淫する女の道もそのとおり。彼女は食べて口をぬぐい、『私は不法を行わなかった』と言う」（箴言三〇・二〇）

まず、姦淫すれば、誓約に背くことになります。姦淫を犯している本人は不倫相手に夢中ですから、そうは思いません。恋人のことで心がいっぱいで、こんな素敵な人と恋に落ちるのは当然のことだと自分を正当化します。箴言三〇・二〇で取り上げられる女性は禁断の木の実を口にします。そして、食事に招かれた客さながら口をぬぐい、「私は不法を行わなかった」と言ってのけます。しかし、姦淫は不倫相手に向かう行為というより、誓約に背く行為です。姦淫している人もまた公に誓約を交わして結婚したはずです。証人の前で、生涯にわたりただ一人の伴侶に誠実であると誓ったのです。にもかかわらず誓約に背き、伴侶を捨て、自分の口から出たことばを踏みにじるのです。神もまた証人の一人として誓約を見守っておられたという事実を、切実に受け止めていないのです（マラキ書二・一四）。

安定から混乱へ

姦淫の罪を犯せば誠実さは引き裂かれ、分裂した生活が始まります。誓約が破られるや、結婚の境界線は侵され、安定した結婚生活はガラガラと崩れます。悪夢の始まりです。結婚という安定した場所を、不倫相手と新しく築く関係に置き換えられると考えていた人は、大きな過ちに気づくでしょう。

姦淫を犯した人が踏み出す世界には、結婚という安定した場所はもうありません。今や混沌とした、何でもありの世界です。誠実さなど遠い記憶となり、ここから不倫と再婚を繰り返す生活が始まることも往々にしてあります。

不倫していたある男性が、妻と別れ、不倫相手と一緒になったら、すべてがうまくいくと私に言ったことをよく覚えています。不倫相手と再婚し、新しい、そして以前にも増して素晴らしい結婚生活を送るというのです。私は彼に人生が滅茶苦茶になると警告したのですが、彼は一切耳を貸しませんでした。それ以来、その男性の人生は安定したことがありません。つき合う期間は長かったり短かったりですが、何人もの女性の間を渡り歩いています。

たとえ、もし神の恵みにより、不倫相手との生活が安定したとしても、姦淫を犯した人の人生は引き裂かれたままです。誓約を破り、裏切ってしまった伴侶との思い出と、新しい相手との生活と新しい誓いがせめぎ合い、彼の愛情は分裂するでしょう。「隣の芝生は青く見える」ということわざがあります。しかし隣の家から見るのではなく、実際にその上に立ってみれば、思ったほど青くはないものなのです。

隠された不誠実な関係

姦淫はそもそも隠れて行われるものです。誓約を破るのですから、公にできるわけがありません。「私は信用ならない人間です。多少とも分別のある人なら、私の言うことなど一つとして信用しないでしょう」。人目を引く街角で、自ら進んでこんなふうに叫びたい人はいないでしょう。姦淫を犯す人は人目をはばかるようになります。ヨブ記二四・一五に「姦通する者の目も、夕暮れ時を見張り、『だれの目も私に気づかない』と言いながら、自分の顔に覆いをする」とあります。姦淫する人が好むのは暗闇です。暗闇にまぎれても、不倫がばれないとは言い切れません。結婚の報告には喜びがあります。堂々と発表され、祝福を得ます。しかし不倫につきまとうのはうわさ話と、ばれたら大変だという切迫感です。私のある友人は妻に不倫されました。不倫の何が最もつらかったかというと妻の嘘と隠し立てだと、その友人は言っていました。

姦淫を犯す人自身も損なわれる

姦淫は、それを犯した人の道徳心を粉々にしてしまいます。人の目を盗んで犯されるすべての罪に共通することですが、姦淫はそれを行う者の品位を有害な化学物質のように蝕《むしば》んでいきます。公の顔と決定的に違う秘密の顔を持つ瞬間、人はその根幹に致命的なダメージを受けます。

ある老人の苦悩に満ちた話をまざまざと思い出します。かつて牧師だった人で、私が話した時は病床にありました。たった一回の不倫で牧師の職を追われ、彼の品位と尊厳は損なわれました。失意のどん底にある彼の姿を見て、いたたまれない気持ちになりました。これが姦淫という罪のなせるわざだったのです。彼と共にイエスが与えてくださった約束の一つひとつを思い起こし、祈りました。その交わりを通して彼が赦しを実感し、立ち直るきっかけを得てくれたならいいが、と今でも思うのです。けれどもたとえ赦されたと実感しても、受けた傷の深さと痛みを払拭することはできないでしょう。

社会に与える影響

姦淫は社会にも悪影響を与えます。姦淫による悪影響は直接の関係者のみならず、周囲にも及ぶのです。一つひとつの姦淫が、建物解体用の大きな鉄球のように、社会の安定を守る壁にひびを入れていきます。不貞が行われるたびに社会の安全は脅かされ、憎悪と敵意が引き起されるのです。結婚の境界線をそこまで忠実に守る必要はないという風潮も高まります。

不貞を犯した人は、社会から疎外されたり追放されるわけではありません。こういった人たちは「同類相憐《あわ》れむ」で仲間を作り、不貞を正当化しようとするのです。仲間うちでは不倫した人が「女性にモテモテだ」などともてはやされるかもしれません。もてるとはいっても、それは破滅的な関係なのですが。詩篇五〇・一八で詩人は嘆きます。「おまえは……**姦通する者と親しく**

する」（太字は著者による強調）と。いわば「不貞仲間」が増えるほど、彼らに対する社会の寛容さは増し、やがて容認されるようになるのです（ローマ一・三二）。

身の回りに実際にそういう例はないでしょうか。同僚や近所の人の中に、不倫相手と同棲を始めた人はいませんか？ そういう人のことをどう思いますか。真っ向から非難するのは気が引けるものです。だからこう自分に言い聞かせるでしょう。「離婚したのか。残念だなあ。でも今や離婚なんて日常茶飯事。新しい相手とも楽しくやっているようだし」。

こうなると自分が姦淫したい誘惑に駆られたら、悪魔は私にこうささやくでしょう。「妻と別れるなんて悲しいなあ。本当に残念だ。でもそれだけだよ。おまえも知ってるあの男みたいに、新しい相手ともっと幸せになれるさ。周りもすぐに慣れるだろう」。このようにして社会の安定のために役立っていた不倫への拒絶感は、徐々に薄れていくのです。

子どもを傷つける

姦淫によって子どもは深く傷つきます。このことははっきり言っておかなければなりません。不貞を働くのが自分の父や母ならなおさらのことです。なぜなら、子どもは家庭の親密さの中心にいたのに、今やその家庭は誓約が破られたことで壊れ、秘密と嘘のために暗くなり、争いと憎しみに引き裂かれてしまったからです。姦淫は子どもを傷つけるのです。

なんとしても姦淫を避けよう！

これら六つの理由から、結婚の中心には誠実さが必要であることが分かります。この誠実さこそがなんといっても結婚の要です。結婚には浮き沈みがつきものです。感情や伴侶との関係に波風が立つこともあるでしょう。しかしだからといって伴侶以外の人とさっとベッドに潜り込み、結婚の誓約を破るなどという過ちを決して犯してはなりません。もしこの本を読むあなたがすでに姦淫の罪を犯しているなら、どうぞしっかりと心に留めてください。神に赦していただき、もう一度チャンスを与えていただくためには、心から悔い改めるしかありません。どんなにつらくても、傷つけてしまった人たちに事実を伝え、謝罪しなくてはいけません。そして堅い決意でその罪から離れ、不倫相手との連絡を一切断つのです。イエス・キリストは信仰によって心から悔い改める人を誰でも赦してくださいます。セックスと結婚に関する聖書の教えは、失敗を犯した人にこそ差し出されています。失敗してしまった人が赦され、変えられ、神の恵みによって人生をやり直すためです。

神の誠実さにならって

姦淫が重罪であるという暗いテーマはこれくらいにして、神の誠実さという麗しい話題に移りましょう。誠実さが結婚の中心にあるのは、神ご自身、そして神が創造なさった世界の中心に誠実さがあるからだということはすでに学びました。神が契約に忠実であるからこそ、夫と妻は結婚の契約に忠実であるようにと聖書は教えています。神は一度立てた契約を必ず守り抜かれます。特に夫として、妻であるご自分の民と交わされた契約を間違いなく守られます。あらゆる抗いを退け、民の不誠実さにもかかわらず、契約に忠実であろうとなさいます。申し分ないほど誠実な人が、どうしようもないほど不誠実な人と結婚する、というのが神の結婚の内実です。姦淫がもたらす悲劇と犠牲をもいとわぬ愛の奇跡の両方を、神の結婚は表しています。結婚がうまくいかないと悩んでいる人は、神ご自身、うまくいかない結婚の中で苦しみつつ忍耐強く愛してくださっていることに思いを馳せましょう。

神の苦しみがどれだけのものか、ホセア書を通して学びましょう。神は預言者ホセアにいわくつきの女性を妻として迎えるよう命じます。高潔な男性ならかかわりを持たないような過去もあるようです。

「主がホセアに語られたことのはじめ。主はホセアに言われた。『行って、姦淫の女と姦淫の子らを引き取れ。この国は主に背を向け、淫行にふけっているからだ。』」(ホセア書一・二)

ホセアは神の命令に従いますが、想像を絶するような苦しみを味わったことでしょう。この苦しみこそ、ご自分の民との結婚において神が経験なさる苦しみです。しかし驚くべきことに、神は私たちがはっと息をのむような約束を二章でなさいます。

「それゆえ、見よ、わたしは彼女を誘い、荒野に連れて行って優しく彼女に語ろう。わたしはそこを彼女のためにぶどう畑にし、アコルの谷を望みの門とする。その場所で彼女は答える。若いころのように、エジプトの地から上って来たときのように」（ホセア書二・一四～一五）

神は彼女を「誘う」と言います。これは「誘惑する」という意味ですから（出エジプト記二二・一六）、きわどいことばです。けれども結婚にはそういう側面も確かにあります。つらい時期を通ってきた夫婦の間では、距離を置いたり、また歩み寄ったりということがあります。神もまたご自分の民にそのような態度をお取りになります。

神は誠実さのかけらもない妻を「荒野に連れて行く」と約束します（妻である民には、ここで神である夫を信頼していた日々という思い出があります）。そして神は「優しく語りかけ」ます。これは、「心に触れることばをかける」という意味です。ボアズのルツに対する態度や（ルツ記二・一三）エルサレムに語りかけられた主の態度と同じです（イザヤ書四〇・二）。ここに結婚における契約の本質が示されます。希望を持ち続け、伴侶が戻ってくることを歓迎し、赦し、相手が戻ってきてくれるなら「誘惑」することさえ辞しません。夫婦関係を築き、崩れたらまた築き直すために、あらゆる手立てを尽くします。

この優しさは驚くべきものです。妻は夫を見捨て、不倫を繰り返し、ひどく夫を傷つけてきました。にもかかわらず夫は優しく妻を受け入れ、それればかりか「アコル（苦悩）の谷」を希望の門に変えるというのです。

この赦しがなければ、結婚は決して続きません。特に何らかのダメージを負った結婚は、赦しがなければ絶対に修復できません。結婚で問題となるのは過ちを犯すことではなく、過ちを赦せないことが問題なのです。伴侶を傷つけることはもちろん問題ですし、結婚にも影響が出ます。けれども伴侶が罪を悔い、その罪から離れ、赦しを求めて戻ってきたらどうでしょう？　謝罪が受け入れられることを願い、以前のような夫婦のやすらぎが恋しいと言ったら、あなたはどうするでしょう。謝罪を受け入れず、赦さなかったら、冷え切った夫婦関係を修復できるでしょうか。

赦さないことは、先に犯された罪より深刻な結果を生むことがあります。そこには和解の可能性がなくなるからです。また、ことばでは赦すと言っても、相手の過ちを幾度となくあげつらうなら、和解はやはり、あまり期待できません。それはほんの部分的な赦しに過ぎないからです。

結婚における誠実さは神から来る

結婚における誠実さは、神の誠実さをお手本にするものですが、それに留まらず神の誠実さのゆえに私たちは誠実になれると言うことができます。それは、神が誠実なお方なので、自分も誠実であろうと全力を尽くすからではありません。そう考えるなら、自分の力が及ばないことを悟って失望するしかないでしょう。そうではなく、もし私たちが神を信頼し、助けを求めるなら、誠実なる神は私たちに恵みと誠実さを注いでくださるからだと理解しましょう。伴侶への理解や思いやり、赦しなど結婚に必要なすべては、神の恵みによって与えられるのです。

この二つの考え方には根本的な違いがあります。もし聖書の教えは基本的に道徳だと考えるなら、なすべきことを教えられ、あとは最大限に努力するしかないでしょう。けれども決してうまくいきません。しかし聖書が伝えるのは神の恵みであり、結婚に必要な助けを神が差し出しておられるのだと知れば、勇気が湧いてきます。

「互いに忍耐し合い、だれかがほかの人に不満を抱いたとしても、互いに赦し合いなさい。主があなたがたを赦してくださったように、あなたがたもそうしなさい」（コロサイ三・一三）

パウロがコロサイの信徒への手紙の中でシンプルにまとめた教えを、イエスもマタイの福音書で詳しく示しています。パウロは「主があなたがたを赦してくださったように、あなたがたもそうしなさい」と書き送ります。これは、夫や妻だけでなくすべてのクリスチャンに向けられたことばですが、この教えが結婚にも当てはまるのはもちろんのことです。パウロは歯を食いしばって自力で赦せと教えているのではありません。そんなことは誰にもできません。誰にもそんな力はないのです。けれども「主があなたがたを赦してくださったように」赦せとパウロは言います。主イエスの赦しは私たちに注ぎ込む川のようです。もし私たちが赦すのなら、その川が今度は私たちから流れ出します。イエスもマタイ一八・二一～三五で同じように教えておられます。

「そのとき、ペテロがみもとに来て言った。『主よ。兄弟が私に対して罪を犯した場合、何回赦すべきでしょうか。七回まででしょうか。』イエスは言われた。『わたしは七回までとは言いません。七回を七十倍するまでです。ですから、天の御国は、王である一人の人にたとえることができます。……あなたがたもそれぞれ自分の兄弟を心から赦さないなら、わたしの天の父もあなたがたに、このようになさるのです。』」(マタイ一八・二一～二三、三五)

コロサイ三章のように、マタイ一八章もクリスチャンの人への接し方について教えています。質問好きのペテロが二一節でイエスに問いかけます。「主よ。兄弟が私に対して罪を犯した場合、何回赦すべきでしょうか」。

ペテロの訴えはこうです。「ある信仰の友が悔い改め、私に赦しを求めてきました(ルカ一七・三～四)。私を傷つけ、対立したことを悔やみ、赦してくれと言います。ですから赦してあげました。けれども彼はその後も何度も何度も同じことを繰り返すのです。これが問題なんです。現在進行形のこの問題とどう向き合えばいいのでしょう」。

イエスの答えは深遠でした。イエスはまず王に仕えていた二人のしもべについての有名なたとえ話をします。一人は王に天文学的な数字の借金をしています。当時国内で流通していたお金すべての合計額をはるかに超えるような借金でした。王は家来を赦し、借金を帳消しにします。解放された家来は同僚に出くわします。この同僚は彼に給料数か月分の借金がありました。決して少ない額の借金ではありません。しかし家来が王から借り、たった今帳消しにしてもらった借金に比べれば微々たるものです。それなのに彼はこの同僚を赦さず、借金を返すまで牢《ろう》に入れました。このことを知った王は激怒し、家来を牢に入れます。

「互いに赦し合わなくてはいけません。赦しはとても大切なのです」というのが、このたとえ話の主題ではありません。それは大切な事実ですが、実のところこういった教えは役に立たないのです。結婚においては特にそうですが、傷つけられたら、どうしても赦せないものです。赦しなさいと命じられても赦せないのです。

このたとえ話の主題は、もしイエスの弟子ならば、自分の桁外れの罪が赦された事実を理解しなければならない、ということです。この事実を理解し始めるなら、あなたの心の扉は開かれ、あなたを最も痛めつけ、傷つけた人をさえ赦せるようになります。赦せるように、聖霊があなたのうちで働いてくださいます。

この事実から、結婚の基盤はキリスト教の信仰に置くのが最善だと言えます。結婚はどの夫婦にとっても簡単なことではありません。意見をすり合わせるのは難しく、傷つけられれば簡単には赦せません。自力で相手を理解し、思いやり、赦そうとしても、うまくいかないでしょう。不可能だという結論に終わるかもしれません。

けれどもイエス・キリストの赦しを本当に理解する時、心に変化が起こり、力があふれてきます。イエスは私たちの心に恵みを注ぎ込み、その恵みが私たちから流れ出し、伴侶を赦し、癒やし、和解し、傷つけられても相手を受け入れ、争っても優しさで包み込むことができるようになります。

決して契約を破らない神の変わることのない誠実な愛に触れることが私たちにとって何よりも大切なことです。神はイエスを、十字架上で死なせるためにこの世に送ってくださった時、すべての約束を成就されました。神はどこまでも誠実で、信頼できる方です。心新たに神に向かい、信頼と従順を持って神に助けを求めるなら、私たちは神の恵みのもとで重荷を下ろし、心穏やかに憩うことができます。この恵みがあってこそ、伴侶に誠実であれるのです。傷つけられても相手を赦し、とてつもない痛みを伴う時でさえ、伴侶を優しく受け入れることができます。性的混沌に陥った現代社会で私たちに必要なのは厳しい道徳教育ではなく、不変の愛で誠実に愛してくださる神に心を開くことなのです。

1　a　「二人が一体になる」とはどういう意味ですか。
　b　誰と誰が結び合わされ「一体となる」のですか。
　c　二人を結び合わせるのは誰ですか。
2　人はどのようにして自分の、もしくは人の結婚を破綻に追い込むのですか。具体的な例を挙げてみましょう。結婚で問題が起きるのはどのような時ですか。それは誰のせいですか。
3　結婚は契約であるとはどういう意味ですか。
4　神が契約の証人であるとはどういう意味ですか。
5　どうして姦淫は重罪なのですか。
6　あなたの結婚生活において、姦淫したいとの誘惑となるのはどんなことでしょう。
　a　インターネットやテレビ、雑誌などでポルノを見たいと思ったら、見られる環境にありますか。どうしたらポルノを避け、伴侶だけに性的欲求を向けることができますか。
　b　出張することがありますか。結婚生活を守るために、出張の際にどんな点に注意したらいいでしょう。

c　職場での異性の同僚とのやり取りにはどんな注意が必要ですか。

d　どのようなストレスにさらされると、他人の結婚がうらやましく思えますか。そのような事態にどうやって備えればいいでしょう。子どもが生まれた時、家族や友人と死別した時、職場で努力したのに報われなかった時、家から離れてリラックスしたい気分の時のことなどを考えてみましょう。

7

a　神が誠実であるということは、あなたにとってどんな意味がありますか。

b　結婚において夫婦は神の誠実さにどのように倣うのでしょう。

8

a　どうして夫婦は時に対立するのでしょう。

b　伴侶と意見の対立があった場合、どのように解決しますか。

c　どのような時に伴侶を赦せないと思いますか。

d　イエス・キリストの福音が結婚における赦しに必要不可欠なのはどうしてですか。イエスの赦しを夫婦でどのように共有できますか。

まとめ

Married for God

大いなる招き

「私たちは喜び楽しみ、神をほめたたえよう。子羊の婚礼の時が来て、花嫁は用意ができたのだから」（黙示録一九・七）

「私はまた、聖なる都、新しいエルサレムが、夫のために飾られた花嫁のように整えられて、神のみもとから、天から降って来るのを見た。私はまた、大きな声が御座から出て、こう言うのを聞いた。『見よ、神の幕屋が人々とともにある。神は人々とともに住み、人々は神の民となる。神ご自身が彼らの神として、ともにおられる。神は彼らの目から涙をことごとくぬぐい取ってくださる。もはや死はなく、悲しみも、叫び声も、苦しみもない。以前のものが過ぎ去ったからである。……ここに来なさい。あなたに子羊の妻である花嫁を見せましょう。』」（黙示録二一・二～四、九）

望むなら、最終的にはすべての人が結婚できます。

これは、ずっと独身だった人にも、部分的、あるいは全面的に自分に非があって離婚した人にも、伴侶と死別した人にも言えることです。

どんな性的欲望や願望を持っているにせよ、どんな経験をしてきたにせよ、あるいはしてこなかったにせよ、喜びを感じていたにせよ、ストレスを感じていたにせよ、正しくふるまえたにせよ、ふるまえなかったにせよ、もし望むなら、最終的にはすべての切望が満たされます。

最終的にすべての人が結婚に招かれています。それも、ただの結婚ではありません。あらゆる結婚を凌駕する至福の結婚です。問題は、あなたがその結婚への招待を受け入れるかどうかです。

聖書には、いいものも悪いものも含めて数多くの人間の結婚についての記述があります。アダムとエバ、アブラハムとサラ、ダビデとバテ・シェバ。枚挙にいとまがありません。それぞれの結婚に違いはあるものの、どの物語も伴侶との関係をうまく築けない不完全な人間を描いています。

けれどもここに聖書が教える本質的なメッセージはありません。聖書が伝えるのは人間の過去と未来を貫く結婚です。恋人であり、花婿であり、夫である神と、その神の愛しい人であり、花嫁であり、妻となる神の民の物語です。この神と民の関係ゆえに、バプテスマのヨハネはイエスを「花婿」と呼び（ヨハネ三・二五〜三〇）、イエスもまたご自身を「花婿」と呼ぶのです（マタイ九・一四〜一五など）。パウロもこの聖書の教えに立ち、コリントの教会はイエス・キリストと婚約した「清純な処女」だと述べています（IIコリント一一・二）。

ヨハネの黙示録一九、二一章で描かれる幻も、神と民との結婚に関係しています。さまざまな比喩が用いられ、鮮やかで示唆に富んだ文体です。この二章を文字どおり読んで得たイメージを映像化することはできないでしょう。

人類史がその頂点に達する最後の瞬間、ヨハネは次のような宣言を聞きます。「子羊の婚礼の時が来て、花嫁は用意ができた」（黙示録一九・七）。子羊、つまり主なるイエス・キリストがいよいよ結婚するとの告知です。花嫁はイエスを信じるすべての民です。神の民は真の喜びと交わりに満ちた結婚へと招かれ、永遠にキリストと結び合わされます。歓喜に満ちた瞬間です。

次にヨハネは二一章で天上のエルサレムを見ます。それは新しい天と新しい地であり、贖いにより神の秩序が回復した世界です。この聖なる都が天から下って来るのですが、この都は「夫のために飾られた花嫁」でもあるのです。キリストの贖いによって回復された創造こそが「子羊の妻である花嫁」(黙示録二一・二〜九)だからです。新しい天と地においてはすべての神の民がイエス・キリストの花嫁になります。それはつまり、キリストが私たち一人ひとりを情熱的に愛し、私たちもまたその愛に応えるということです。

この新しい時代において、神と民との間に交わされる愛は親密さと永遠の歓喜に包まれながら頂点を極めます。人間の結婚における愛とは比べ物にならないほどの愛です。あからさまに言えば、神と民との結婚がもたらす歓喜は、夫婦が性的親密さにおいて経験する激しい喜びをはるかに凌駕するのです。

なんと驚くべき、そして美しい希望でしょう。私たちの深く、切なる願いはすべてかなえられるのです。罪を悔い、イエス・キリストを信じるすべての人は、一人残らずこの希望に招かれています。

独身であることがつらく、自分の置かれている状況と満たされない願いに失望している人には、この希望が支えになるでしょう。キリストはおっしゃいます。「あなたが結婚する日に目を向けなさい。私と結婚するのです。自分は『売れ残り』だって？　とんでもない！　私はあなたを心の底から、狂おしいほどに愛しています」。

これはまた、伴侶との対立や、結婚が苦痛と思えるときの希望でもあります。キリストはおっしゃいます。「不満や苦痛にのみ込まれず、私と結婚する日を期待しつつ待ちなさい。私を信じるすべての人を私はしっかりと抱きしめ、決して離しません」。

過去に犯した過ちやトラウマに苦しむ人にキリストはこうおっしゃいます。「私と結婚する日を心待ちにしなさい。その日、あなたは染みのないまっさらな服を着るでしょう。ただ一つ残る傷は、私があなたのために十字架で受けたものだけです。両手、両足、わき腹にあるこの傷のゆえに、あなたの傷はすべて癒やされるのです」。

聖なる都が天から下ってくる日、神に奉仕する中でのセックスは、いよいよ永遠に続く完成へと導かれます。その時私たちは初めて、地上の結婚では到底経験できない歓喜と平安、そして驚嘆に包まれるでしょう。私たちがその素晴らしい世界であなたの恵みを喜び楽しめるよう、どうぞ神よ、お導きください。

学びとディスカッションのための設問

1　あなたが置かれている状況について考えてみましょう。結婚している人も独身の人もいます。幸せな人も悲しんでいる人もいます。人生に満足している人もいれば、満たされない思いに苦しむ人もいるでしょう。どのような状況にあろうとも、あなたの人生をあなたを愛しておられる神にゆだねられますか。イエス・キリストの花嫁として招かれていることを受け入れますか。

2　クリスチャンの方は、子羊なるキリストの結婚について黙想してみましょう。そして、結婚やセックスを通して経験してきた苦しみ、痛み、不満、葛藤を子羊の結婚に照らし合わせ、捉え直してみましょう。

3　最後に、今置かれているあなたの状況が神の導きの下にあることを受け入れられるよう、神の祝福を祈り求めましょう。また、現状の中で満ち足りて生きることをも祈り求めましょう。

クリストファー・アッシュ（Christopher Ash）
牧師、作家。オックスフォード大学にて神学を学ぶ。英国ケンブリッジにあるティンデルハウス聖書学研究所所属。専門とする詩篇についての著作 Psalms for You, Teaching Psalms の他、本書の前身となる Marriage: Sex in the Service of God など多数の著作がある。

井上有子（いのうえ ゆうこ）
翻訳者。通訳者。国際基督教大学博士前期課程修了（英文学）。日本キリスト改革派長野佐久教会所属。

聖書が教える結婚と性

2023年5月30日発行

著者　クリストファー・アッシュ

訳者　井上有子

発行 いのちのことば社
〒164-0001 東京都中野区中野2-1-5
編集 Tel.03-5341-6924 Fax. 03-5341-6932
営業 Tel.03-5341-6920 Fax. 03-5341-6921

新刊情報はこちら

装丁　Yoshida grafica 吉田ようこ

印刷・製本　モリモト印刷株式会社

ISBN978-4-264-04417-8